天才コピーライター
ひすいこたろう
＋
モテるーズ（ヤス＆よう子）

増補新版

# 3秒でハッピーになる名言セラピー

恋愛編

Discover

実らない恋愛はない。
かなわない恋愛であっても、
心のなかには、なにかが実るはず。

byみむ

一生のなかで、
心から大好きになれる人は、
そう多くない。
「好き」って思える人と出会えたこと。
それは、もう奇跡です。

大切にしたものが残る。
大切にしないものは残らない。

いますぐ恋人がほしい人は、
「チャンス」じゃなくて
「ピンチ」をつくれ!

オープニング

ようこそ
しあわせにモテる
名言セラピーの
世界へ

## すべてがうまくまわりだす、ハッピーモテ恋愛論！

ズバリ、生きるうえで大切なことは2つしかありません。

1つめは、「自分を知ること」。

自分はなにが好きなのか？　なにが嫌いなのか？
なにが得意なのか？　なにが苦手なのか？
長所はなにか？
どんな性格なのか？

2つめは、「他人を知ること（まわりの人を理解すること）」。

この2つを学ぶために、
一番いい方法はなにかというと……

そうです。

# 人を好きになることです！

ドイツを代表する文豪ゲーテは、

「人はただ自分の愛する人からだけ学ぶものだ」

と言っています。

まさにそのとおりなんです。

自分を知り、相手の価値観を受け入れていく。
つまり、
自分を魅力的にしていく宇宙で一番楽しいプロセスが
「恋愛」です。

小学生のころ、「好きな人が見てる！」って思うと
いつもよりがんばりませんでしたか？


そして、人は大好きな人ができたとき、
心からやさしくありたいって思うんです。

## 「君のために、いい人になりたいって思った」

（映画『恋愛小説家』より）

人を好きになること。
それは史上最大のエンターテインメントです。


というわけで… 3秒セラピー♪

人を好きになったとき、
それはあなたが一番あなたらしくなったとき。

【出典】『恋愛小説家』ジェームズ・L・ブルックス、1997年、米国

だから、恋愛がうまくいく秘訣と、
しあわせになる秘訣は一緒です。
誰かを大好きになるとき、誰かからモテるときって、
"Happy"をいっぱい持っていることなんですから。

あなたがしあわせになり、
あなたのパートナーがしあわせになり、
家族がしあわせになり、
仕事までうまくいくようになる、
男女ともに読んでいただきたい

# ハッピーモテモテ恋愛論。

いよいよこれから始まりますが、
この本では、18000人のサポーターから選ばれた
スーパーモテ男のヤス、スーパーモテ女のよう子、
そして僕、ひすいこたろうとで組んだチーム「モテるーズ」が、
18000人の知恵を結集させて、
恋愛や結婚がうまくいく極意をお送りします。

まずは、チーム代表のモテ男・ヤスからもごあいさつ。
さあ、拍手でお迎えください。


　　　　　　　　　　　　　　　　　　　　ひすいこたろう


【協力】ぼあら & Hajime

# 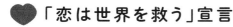「恋は世界を救う」宣言

ヤスです。
いまでこそ、とにかくモテてしまうおれですが、
中学・高校時代は、女の子との思い出はないんです（あらー）。
男とばっかりつるんでいましたから。

しかし、高校3年生のとき、
女の子との苦い思い出があります。
それ以降のおれの行動を決定づける、
あまりにもショックな出来事があったのです。

好きな女の子がいました。
その子はまわりに溶け込めず、
ひとりでいることが多い子でした。

おれは毎日、その子の登校時間に合わせて
話しかけようとしました。でも、

## 「嫌われたらどうしよう……
　変なやつだと思われたら……
　冷たくあしらわれたら……」

と、マイナス思考の悪循環に陥ってしまっていたわけです。
結局卒業まで、
その子と仲良くなることはありませんでした。

でも、卒業アルバムにその子が書いていた言葉を見て、
おれは衝撃を受けました。

## 「あまり楽しくない高校生活でした」

彼女はそう書いていたんです。

## しまった！！！！！

涙が出るほど後悔しました。
ほんとうに一晩中眠れなかったんです。
しまった、しまった、しまった……。

卒業アルバムですよ？　それにこんなことを書くなんて……。
もしかしたら、おれが、この子に
楽しい思い出をつくってあげられたかもしれないのに。
恋人にならなかったとしても、
友だちとして一緒にハッピーになれたかもしれないのに。

おれは反省はいっぱいしますが、
後悔だけはしないように心がけています。
でもこのときだけは、このときだけは後悔しました。

それ以来、好きになった子には、
なんのためらいもなく
声をかけています。

もうそんな思いを女の子にさせたくないですから。

3秒セラピー♪

出会いの声かけはいつも恥ずかしい。
しかしその恥ずかしさの先に
ハッピーが待っている。

ちょうどそのころ出会った三代目魚武濱田成夫さんの詩です。

「女にモテたい言う奴が多いが、
　ほんまに女にモテたいんやったら、
　それを人生のメインにもってくるぐらいの覚悟で
　女にモテたいと思わなアカンで。
　つまり甲子園めざして野球に命かけてる奴や、
　インターハイでるために他のもんぜんぶ犠牲にして
　テニスにうちこんどる奴等と同じレベルでやらな無理や。
　かたてまにモテたいやってる奴が
　簡単に女にモテまくるほど世の中甘ないわい。
　甲子園と一緒やねんぞ。ほんまに女にモテたかったら、
　モテることのみにすべてかける覚悟持ってから
　女にモテたい言え阿呆」

それからのおれは、
モテることにすべてをかける覚悟で研究しました。
そのすべてを、いま、あなたにお伝えしたい。

男性は、やっぱり好きな子に好かれてしあわせになります。

「恋は世界を救う」宣言

女性も、やっぱり好きな子に好かれてしあわせになります。

ケーキだって、大好きな人と2人で食べると、
さらにおいしくなる。

## 「あぁ〜、めっちゃ恋したくなってきた〜」
## 「やっぱり恋愛って楽しい!」
## 「夫婦って最強で最高!」

って思う人が増えて、
女性がますますきれいでかわいくなって、
その女性たちをしあわせにするために、
男性たちがますますかっこよくなって、
しあわせ気分が街中にあふれてくれたらうれしい。

## みんながしあわせに恋愛していたら
## 犯罪は絶対に減る。
## いじめなんてしてる場合じゃなくなる。

モテるようになると、
ほんま、しあわせになれますから。

# さあ、みなさん、
# モテる場合ですよ!

【出典】『三代目魚武濱田成夫語録』(幻冬舎)

## ❤ 「モテる」の定義

ヤス

この本には、「モテる」という言葉が頻繁に登場します。
そこで、まず最初に、この本における
「モテる」の定義についてお伝えしておきましょう。

「モテたい」の欲望の種類にも、
「誰でもいいから、たくさんの人から好きって言われたい」
「いろんな人と、とっかえひっかえつきあいたい」
「たくさんの異性と同時につきあいたい」
などというふうに、いろいろありますが、
モテるーズに共通したモテる定義は……

# 「好きな人に、自分のことを好きになってもらう」

恋人がいっぱいいたって、
時間的にも金銭的にも体力的にも支障をきたします。
経験ずみです!!（笑）

自分が好きになった人に振り向いてもらえるのが、
しあわせにモテる人です。
たとえ1万人のファンがいても、
たったひとりの好きな人と結ばれなくて
自殺してしまう人もいる。

「モテる」の定義

## わたしたちを
## 生かすのは、
## 最愛の人からの愛なんです。

それに、自分がギリギリの状態で、
しあわせになれるわけがない。
ましてや、相手にしあわせになってもらうなんて……。

つきあっても長続きしないようなら、
それはモテるということとは違う。
ただのナンパ師です。

あの子に笑顔になってほしいだけ。

# この本の使い方

本書は、
 CHAPTER 1  恋愛アプローチ編
 CHAPTER 2  素敵な出会い編
 CHAPTER 3  恋愛コンプレックス編
 CHAPTER 4  愛の熟成タイム編
 CHAPTER 5  愛の真髄編
の、5つのコースをご案内します。
1話完結ですし、どこから読んでいただいてもOKです。
また、あなたが一番お困りのテーマから
読んでみるのも、楽しい使い方です。

○ ひすい ➔ ひすい ・ ひ

○ ヤス ➔ ヤス ・ ヤ

○ よう子 ➔ よう子 ・ よ

○ 読者セラピー ➔ 読者セラピー

というように、それぞれのマークで、
誰のお話、コメントかを知ることができます。

またそれぞれ、とくに男性に有効なお話は for Men
とくに女性に有効なお話は for Women
両方に「知っておいてほしい!」というお話は for M&W
としています。

もちろん、全部お読みになることをオススメします。
必ずハッピーな恋愛につながるはずです!

**3秒でハッピーになる名言セラピー　恋愛編**

# CONTENTS

### ● オープニング

すべてがうまくまわりだす、ハッピーモテ恋愛論！ …………… 006

「恋は世界を救う」宣言 ……………………………………………… 009

「モテる」の定義 ……………………………………………………… 013

この本の使い方 ………………………………………………………… 015

## CHAPTER 1　恋愛アプローチ編

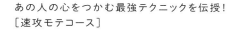

あの人の心をつかむ最強テクニックを伝授！
［速攻モテコース］

| | | |
|---|---|---|
| | 1年半以内に素敵な人と結婚する方法 ……………… | 022 |
| | 3000人のホステスの頂点 …………………………… | 025 |
| | モテの基本は小学校で教わった！ …………………… | 027 |
| | デート中に役立つ秘訣 ………………………………… | 030 |
| | ただ、ただ、相手の話を聞く技術 …………………… | 032 |
| | 「かわいげ」はモテる …………………………………… | 035 |
| | 女は言葉に恋をする …………………………………… | 037 |
| | 「名前」でハートをつかむ方法 ………………………… | 039 |
| | 「好き」と言わずに気持ちを伝える裏ワザ …………… | 041 |
| | ルックスオール1の華麗なる恋愛論 ………………… | 043 |
| | モテ男の秘密〈その1〉 ………………………………… | 046 |

|   | モテ男の秘密〈その2〉 | 049 |
|---|---|---|
|   | 飲み会で効くHandほめワザ | 051 |
|   | 最近ナンパされないの | 053 |
|   | 相手の気持ちがわからない | 055 |
|   | 恋はサプライズ | 057 |
|   | 喜びはギャップで倍増させる | 060 |
|   | 恋の最終回答 | 062 |

## CHAPTER 2 素敵な出会い編

出会いがゴロゴロ見つかる!
[モテLifeスタートコース]

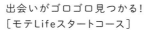

|   | トイレ☆モテ論 | 066 |
|---|---|---|
|   | 「出会いがない」と言ってる人の落とし穴 | 069 |
|   | 1秒で恋愛モードに入る方法 | 072 |
|   | 最高の男を見分けるコツ | 075 |
|   | まずは9人にフラれてみよう | 078 |
|   | 恋の100メートル走 | 080 |
|   | 運命の人の居場所を「見える化」 | 082 |
|   | 恋は下心 | 084 |
|   | 恋愛ドイツセラピー | 088 |

# CHAPTER 3 恋愛コンプレックス編

まず自分を好きになろう！
［あなたらしいモテコース］

- モテない悪循環から抜け出す方法 …… 092
- 自分とつきあった人はしあわせになれるんだ！ …… 095
- やっぱり顔か!? …… 099
- 「わたしはかわいい」 …… 102
- 「おじいちゃん、子どもにはモテるのに……」の謎 …… 105
- ほんとに、ありのままの自分でいいの？ …… 108
- 「もうモテなくていい」と思うと、モテ始めるの法則 …… 111
- 恋の方程式「お金×時間=自分らしさ」 …… 114
- 愛される女の共通点〈その1〉 …… 117
- 愛される女の共通点〈その2〉 …… 120
- 「いい人」がモテない理由 …… 122
- ルックスに自信のない人に朗報！ …… 124
- マザコンはモテる？ …… 127
- かっこいいのに、かわいいのに、モテない人たちの共通点 …… 131
- 恋愛嗅覚 …… 135
- ケチな人にも、fall in love ！ …… 139

CHAPTER 6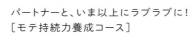

## 愛の熟成タイム編

パートナーと、いま以上にラブラブに！
［モテ持続力養成コース］

| | | |
|---|---|---|
| 👔🎀 | 春の予感 | 142 |
| 🎀 | つきあってから意識すること | 146 |
| 👔🎀 | 恋人同士の会話に無駄はなし | 150 |
| 👔🎀 | 素敵なパートナーのつくり方 | 151 |
| 👔🎀 | 永遠にモテ続ける方法 | 153 |
| 👔🎀 | 今日は、特別な日♪ | 156 |
| 🎀 | 男性を変えようとしない | 157 |
| 🎀 | 上手なケンカのしかた | 160 |
| 👔🎀 | 秘密の共有 | 163 |
| 👔🎀 | プレゼントの本質 | 165 |
| 🎀 | 待つ愛 | 168 |
| 👔🎀 | 「見る」ではなく「観る」 | 171 |
| 👔🎀 | 「ありがとう」の連鎖 | 175 |
| 🎀 | 男性の浮気対処法 | 179 |
| 👔 | 女性が浮気するとき | 181 |
| 👔🎀 | 「あなたと結婚するのが夢なの」 | 184 |
| 👔🎀 | なんで「マンネリ」になるんだろう？ | 187 |

## CHAPTER 5　愛の真髄編

しあわせな恋愛ってどういうこと?
［恋愛奥義皆伝コース］

- It's a wonderful world！ ……………………………… 190
- フラれてからがほんとうのスタート ……………………… 193
- 究極の恋愛 ……………………………………………… 198
- いかに愛される男（女）になるか ……………………… 202
- パートナーを優しく見れるようになる「考え方」……… 204
- 片想い、超楽しい！ …………………………………… 208
- 愛したことが、記憶に残る …………………………… 210

大好きな彼 ……………………………………………………… 214

おわりに ………………………………………………………… 219

CHAPTER 1

# 恋愛アプローチ編

あの人の心をつかむ最強テクニックを伝授!
[速効モテコース]

男は目で恋をし、女は耳で恋に落ちる。

——ワイアット(米国西部開拓時代の保安官)

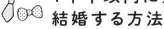
# 1年半以内に素敵な人と結婚する方法

**「結婚したいと思っているのに、なかなか良縁に恵まれません。
どうしたらいいでしょうか？」**

心理学博士の小林正観さんは
独身の女性からこんな質問を多く受けたそうです。
正観さんはその方たちに対して、逆にこう聞きました。

「男性と一緒に食事をした後、
男性が2人分の食事代を払おうとしたとき、
あなたは『自分の分は自分で払います』と
常に主張してきたのではありませんか？」

するとみなさん「えっ？」と言った後、
こう答えるのだとか。

「だっておごってもらう理由がありません。
おごってもらうと
借りをつくったような気持ちになり、
なんとなく重苦しいんです」

## これは、良縁に恵まれない人が共通して出す答えだそうです。

そして正観さんは、このように答えた女性の方たちに、
次のようにアドバイスしたといいます。

「2人分出したいという人には
　素直に出してもらう。出してもらったうえで、
　ほんとうにお礼の気持ちを込めて
　『ありがとう！』と心から言ったらどうでしょう。
　それで、借りも貸しもなし」

そのアドバイスにしたがい、「やってみます」と答えた人たち
全員が、最長でも1年半以内に婚約し、結婚しました。

一方で「そんなのイヤです」と言った人たちの90％は、
いまなお独身とのこと。

心から「ありがとう」と言えるようになるということは、
「相手を受け入れられるような自分になる」
ということです。

## 結局それまで、相手を受け入れていなかった、自分の心をひらいていなかったことが「良縁に恵まれない」という状況をつくりだしていたのです。

食事をした相手が、
2人分払うことでしあわせな気持ちになれるのなら、
それは、貸し・借りではなく、その気持ちを受け入れることが
やさしさであり、美しさなのだと正観さんは言います。

「うわーありがとう」
って、心を込めて言われたら、どうですか？

1年半以内に素敵な人と結婚する方法

うれしいですよね。

# 「喜ばれるとうれしい」

それは人間だけの本能だそうですから。

**豊かな人とは、与えるだけでなく、
心を広げて受け取ることもできる人。**

受け入れられるようになったら、
まもなく、あなたの目の前に
素敵な人があらわれます。

吸って吐くのが呼吸のように、
受け取り、与えるのが愛の循環です。
ぐるぐる愛をふくらませていこう。

というわけで… 3秒セラピー♪

「ありがとう」と受け入れること。
それもやさしさだったんだ。

ひ　え？　ほんと？　この本を3冊も買って友だちに配ってくれるの？
　　ありがたく、遠慮なくあなたの好意を受け取らせてもらうね。
　　めっちゃありがとう!!!!（笑）

【出典】『楽に楽しく生きる』小林正観（弘園社）

# 3000人のホステスの頂点

日本のキャバレー王として名を馳せ、
3000人のホステスを抱えていたという福富太郎氏。

3000人のホステスの
頂点に立っていたのは、
どんな女性だったのか。
彼が言うには、

## 美人ではなかったそうです。

酔客は気が大きくなるから、
なにかというとチップをはずみます。
ホステスにドンと1万円を出すのです。

当時の1万円だから、いまの価値よりはるかに上。
大変な額です。

しかし、ナンバーワンの彼女は受け取らない。

1万円を断っておいてそのとき、
お客さんの耳元でこうささやくそうです。

「お願いがあるの。ごめんね。1000円くれる?」

「1000円でいいの? どうするの?」
とお客さんは聞きます。

3000人のホステスの頂点

## 「うちの近所においしいラーメン屋があるの。それを食べるのよ」

これで、お客さんの記憶に残ります。
そして、お客さんはまた来店します。
そのとき、なんと彼女は1000円のお礼とともに
そのお釣りを返すそうです。

ラーメンのお釣りを返すのです。律儀に。

## これで伝説になります！

どんなに美人でも、
「伝説」には勝てません。
これが、彼女が3000人のホステスのなかで、
ぶっちぎりの頂点に立った理由です。

どうすれば、この人の記憶に残ることができるか？
喜んでもらえるか？
頂点に立つ人は、いつもそのことを考えています。

ひ　あなたの大切な人の記憶に残るために、
　　あなたはなにをしたいですか？

【出典】『なぜか相手が説得されてしまう対話術』
中島孝志（大和出版）

## モテの基本は小学校で教わった！

## 「絶対落とせる
　口説き文句を教えて」

女性からも、男性からも
いろいろと恋愛相談を受けますが、
ちょこちょこあるのが、この質問です。

はい。お教えしましょう。

## そんなものありません。

「このセリフさえ言えばだいじょうぶ！」
なんて便利なワイルドカード、
あるわけがありません！

# ただ、基本はあります。

実は恋愛マニュアル本を買わなくても、
みなさんは、すでに知っているのです！

小学校に入学したときに、
先生に言われませんでしたか？

- ♥ **あいさつはしっかりしましょう**
(こんなこともできない人が多い)

- ♥ **お礼はちゃんと言いましょう**

- ♥ **人の話を聞きましょう**
(自分の話ばかりをしない)

- ♥ **自分がされてイヤなことを人にしてはいけません**

- ♥ **お友だちと仲良くしましょう**（やさしく接する）

- ♥ **がんばった子はほめてあげましょう**（相手を認める）

- ♥ **素直になりましょう**（変な意地をはらない）

- ♥ **思いやりを持って人とつきあいましょう**
(自分勝手はダメ)

- ♥ **ウソをつかないようにしましょう**
(知ったかぶりをしない)

- ♥ **ごはんの前に手を洗いましょう**
(清潔にしましょう)

- ♥ **ハンカチ、ティッシュは、忘れずに持ってきましたか？**
(最低限の身だしなみ)

思い出しました？
これがモテるための、ありとあらゆるテクニックです。

モテるために必要なことはすべて、
ここから派生したものばかりです。

人がこれだけ長い間ずーっと生きてきて、
有名な文豪たちが恋愛でいっぱい悩んで、
いっぱい文学作品を書いても、
「これ！」といった恋愛マニュアルなんてないですよね。

なぜ、恋愛に関しては決定的なマニュアルがないのか？

**それは、めちゃくちゃ簡単だからなんです。**

というわけで… 3秒セラピー♪

大丈夫。
あなたはすでに知っている。

- ヤ　あとは実行するだけです。まずは、あいさつ！
　あいさつをしっかり心がけるだけでも、モテ始めますから。

# デート中に役立つ秘訣

よう子

デート中に役立つ秘訣をお伝えします。それは、

## 記憶力を使う質問をすることです。

たとえば2回目のデートのとき、
「そういえば、こないだの○○どうなった？」
とさりげなく聞いてみる。

そうすると、「ちゃんと聞いてくれて、覚えてくれてる！」
とうれしく思ってもらえます。

わたしは幸い記憶力はいいので、
友だちの友だちの話までほぼ覚えてます（笑）
なので、驚かれることもしばしば。

なぜ記憶力がいいかというと、簡単。

## 相手の話を
## 集中して聞いているからです。

相手の目を見て、
笑顔で、話をきちんと聞く。
集中するのって、意外に難しいですよ。
相手の話を聞きながら頭のすみっこで、
「そういえば、あれどうなったかな？」
なんて考えたりしてませんか？（笑）
でも、それを自分がされたら、イヤですよね。

会話を横取りしないことも大事。
相手がすべて話し終わるまで、うずうずするけど待ちましょう。

## 男性の場合、
## 聞き上手はまちがいなくモテます。

なぜなら、女性の本能として
「コミュニケーション欲」がありますから。

## 会話することそのもの
## ＝自分のために時間をつくってくれること

そこに、愛を感じるのです。

というわけで… 3秒セラピー♪

明日のテストに出ると思って、
100%相手に心を向けて、しっかり話を聞こう。

ヤ 恋愛論を語るヤツはモテません。恋愛論を聞くヤツがモテるんです。
実は、自分の恋愛論を持ってる人がモテそうですが、
そんなん持ってないほうがモテるんですよ。
100人いたら、100通りの恋愛論があるはず。
そして恋愛の主人公は、絶対に「自分」なんです。
自分が主人公の話を、「その話聞かせて!」って
人から言われたらうれしいでしょ?

# ただ、ただ、相手の話を聞く技術

妻に、
「ちょっと聞いてもらいたいことがあるの」
って、言われました。

待ってました!
僕は心理カウンセラーで、天才コピーライターでもあり、
ベストセラー『3秒でハッピーになる名言セラピー』シリーズ
の著者です。

「いざ、名言!」
いまこそ、とびっきりの名言を発すべきときと判断した僕は、
最高のアドバイスをしました。すると……

## 「そんなアドバイスなんていいから、あなたは、ただ聞いてるだけでいいのよ」

と妻に叱られました。
『3秒で叱られる名言セラピー』
by ひすいこたろうでした。

求められていたのは名言よりも、
まずは妻の気持ちに共感することだったんですね!
ちなみに、
『離婚しても子どもを幸せにする方法』という本のなかでは、
話を聞くときのポイントとして、次の5つが挙げられています。

- ♥子どもが話をしているときは、注意深く耳を傾けてあげること。話の内容をはなから決めてかかったり、話の腰を折ったりしてはいけません。

- ♥子どもを促すような言葉かけをして、きちんと聞いていることを伝えましょう。けなしたり、批判したり、からかったり、否定したりしないこと。子どもの気持ちに沿うような、言葉かけや表情づくりをすること。

- ♥子どもの話が終わったら、それに対する感想を心のなかで反すうしてみること。できれば、子どもの気持ちをひとつの言葉で表現してみてください。

- ♥子どもの身になって考えてみること。自分が子どもの立場に立ったところを想像してみましょう。私だったらどう思うだろう、と自問してみてください。

- ♥適宜、子どもを慰めてあげましょう。ぎゅっと抱きしめたり、優しい言葉をちょっとかけるだけでいいのです。

これは、子どもに限らず、
あなたの大好きな人の話を聞くときにも
そのまま当てはまります。
5つのうち、1つか2つ意識するだけでも、
あなたは聞き上手になれます。

ちなみに、僕がなんで『離婚しても子どもを幸せにする方法』
という本を読んでいたかというと、

ただ、ただ、相手の話を聞く技術

妻の本棚にあったからです（笑）
というのはウソで、
読者さんから、いい本だと教えていただいたんでーす！

目が2つあって、耳も2つなのに口は1つ。
これは「自分が話すことの2倍聞きなさい」っていう
宇宙からのメッセージだと思います。

というわけで… 3秒セラピー♪

「聞くことは愛の行為です」
by M.スコット・ペック

ひ　あなたの大切な人に、「なんでも話して」って伝えたうえで、
　　相手の話していることを、いい・悪いで判断せず、
　　相手の話に耳を傾けて聞いてみてください。
　　その間、アドバイスも一切不要。
　　ただただ優しさを秘めた信頼の眼差しを向けて聴く。
　　すると、相手が癒されて涙を流すケースさえあります。
　　これはカウンセラーの、プロの聞く技術です。
　　聞いた後に、感じたことがあればそれを伝えます。
　　で、その相手に感じたことが、
　　実は、自分へのメッセージにもなっています。
　　「この人、いまは休んだほうがいいのでは」と思ったら、
　　自分も休むときなんですね。
　　出逢いは、自分へのメッセージなのです。

【出典】『愛と心理療法』M.スコット・ペック　氏原寛・矢野隆子訳（創元社）
『離婚しても子どもを幸せにする方法』イリサ・P.ペイネイデック＆キャサリン・F.ブラウン
高田裕子訳（日本評論社）

## 「かわいげ」はモテる

「記録より記憶に残る選手」と、多くのファンに愛された
元プロ野球選手の新庄剛志さんが、大リーグへ行って、
はじめての紅白戦に挑んだとき。
初打席を終えての彼のコメントが忘れられません。

「大リーグのピッチャーはどうでしたか？」
と記者に質問され、彼はこう答えたのです。

## 「怖かった」

「大リーグのピッチャーの球は、
　予想以上に速かったということですか？」

## 「いや……ピッチャーの顔が怖かった」

おーーーい。
ピッチャーに聞かれたら叱られるぞ（笑）
新庄、なんともチャーミングな男です。
彼が多くのファンに愛されたのは
このかわいげゆえです。

また、120歳237日、
長寿ギネス・レコードで世界1位になったときの
泉重千代さんの名言もとってもチャーミングでした。
最年長を記録したパーティーで、
アナウンサーが彼にこうたずねました。

## 「好きな女性のタイプは？」

「かわいげ」はモテる

世界最年長の重千代さんは、
照れながらこう答えました。

## 「わしはこう見えても 甘えん坊なところがあるから、 年上が好き」

いやいや、長寿世界一のギネス記録をつくった
重千代さんより年上の女性は
太陽系にはいませんから！（笑）
重千代さんが、愛されながら世界一長生きできたのは、
このユーモア精神のおかげでしょうね。

信頼されるだけではいい人止まり。
尊敬されるだけではいい人止まり。
かわいげがあってこそ、キュン♥とくるんです。

というわけで…　3秒セラピー♪

「かわいげ」こそ人気の秘密。
「かわいげ」こそ正義。
笑いが生まれたほうが正解です。

ひ　「正しさを主張する人間は色気を失う」
　　by長嶋有（小説家）

for Men
# 女は言葉に恋をする

 よう子

女性にとって、言葉とは、
実感できる優しさであり、愛そのものです。

ほんとうに、「会話」「言葉」って大事。
言葉で、いままで触れられたことのない琴線に触れられたら、
絶対に本気で愛してしまいます。
女は愛の言葉に弱いのです。

## 女性にとって、「好き」とか「愛してる」って言葉を聞きたい欲は男性の性欲と同じレベルです（笑）

言われたら言われただけうれしいし、
言いすぎなんてことはないんです。
いつだって確認したい生き物なんですから。

## だから、男の人の無関心は罪です。

ほんと、モテる人は例外なく"表現上手"ですからね。

男性は論理的な生き物ですから、
女性のダラダラした話し方に対して、
どう反応していいのか困ってしまうという人も多い。

## でも、女としては、ただ聞いてもらいたいだけ。

ところどころにあいづちを入れて、

女は言葉に恋をする

気持ちに共感してもらえたら、それだけで十分なんです。
わたしが言われてうれしい言葉は、

## 「今日はどんな1日だった?」

こんなわずかな言葉のなかに、思いやりも、関心も入っている。
「話していいよ」という合図。

一緒にいない間、なにをしていたのか
知りたがってくれることがうれしい。
つかれているときは、
「たいへんな1日だったんだね。よしよし、おつかれさま」
なんて言ってもらえたら、ほんとうに癒されます（笑）

知ろうとする愛、共感してくれるという愛。
その言葉にあらわれる優しさに、女性は恋するのです。

というわけで… 3秒セラピー♪

**一緒にいないときも、自分を想ってくれていた。
女性はそれが一番うれしい。**

ひ　男性は、与えることでかっこよくなり、
　　女性は、やさしく受け取ることで魅力が増す。
　　その循環で社会は潤っていくから、
　　ボーイズのみんな、まずは愛ある言葉を贈ろうね。
　　思ってるだけでは、永遠に伝わらないから。

# 「名前」でハートをつかむ方法

**読者セラピー**

わたしはあるとき、
LINEやメールで相手と仲良くなる2つの方法に気づきました。
相手との距離がグッと近づく秘訣です。
今日はその方法を公開します。

**その1、文面に、どんなときでも必ず相手の名前を入れること**
(質問するときも、たとえば「○○さん、明日はお仕事ですか?」
と必ず名前を入れる)

**その2、**
**メールの件名はREで返さず、**
**毎回違う件名にして送ること**

これだけです。
わたしは日常会話や仕事でも、

## 「相手の名前を呼ぶ」

ということを意識して使うようにしてます。

名前を呼ばれるのってうれしいですよね。

「受け入れられている」
「大事にされている」
ということが自然に伝わってくる。

ですからわたしは、誰に対しても使っています。
たとえ反応がなくても、使い続けています。

「名前」でハートをつかむ方法

そしていま、好きな人とやりとりをするようになって
4ヵ月になるのですが、
もちろん、この2つは必ずやるようにしていました。

すると、最近変化がありました。
4週間前から、相手からのメッセージの文面にも、
わたしの名前が入るようになったんです！

やっぱり、投げかけたものが返ってくるんですね。

名前は愛のスイッチです。
名前には親の愛が込められているから。

### イチイチ名前を呼ぼう。

よ　わたしは男性を、「ちゃん」づけで呼ぶことが多いです。
　　その人が小さいころ呼ばれていた愛称を聞いて、
　　その愛称で呼ぶと、すごく喜ばれます。
　　懐かしさもあって、相手はドキドキするみたいです。
　　「どう呼ばれたらうれしい？」って聞いてもいいと思います。
　　名前はものすご〜く大事！
　　ここアンダーライン引いておいてくださいね（笑）

【お話】真由美 ［33歳・営業事務］

## 「好き」と言わずに気持ちを伝える裏ワザ

**読者セラピー**

これは、小手先の恋愛テクニックです（笑）

ただし、恐ろしく効果的です。

別れ際に
「じゃあまたね〜」
って言われたら、
相手の目を見て、
笑顔で、

# 「またっていつ?」

と言いましょう♪


以上です。

こう言われた相手の心中は……

「おれとまた会いたいってことだよね……
　ってことは、

　**おれのこと好きなのかっ!?」**

もちろん、相手が女性の場合にも使えます。

## 3秒セラピー♪

「またっていつ？」
これぞ、「好き」と言わずに、
相手に自分の気持ちを告げる裏ワザです。

わたしの場合、2回くらい変化球を投げてみて、
それで相手が乗ってこなかったら、もうなにもしません。
向こうが誘いやすいように、
「この日は空いてるよ〜」ってさりげなく自己申告したり、
彼のしぐさを、「それ、すごく好き！」とほめてみたり。
そうすれば、少しでも好意があるなら、必ず誘ってくれます。

誘われなかったときは……
悲しいけど、いまは相手にその気がないということ。
でもそれは、なにかおおもとが合わないことのサインか、
いまはご縁がない。それだけですよね。
ここで「自分は好かれていない……」などと気に病む必要は、
1ミリもないと思います。

【お話】あけちゃん［24歳・OL］

## ルックスオール1の
## 華麗なる恋愛論

足が短くて、背が低くて、ハゲで、毛深くて。
僕の知り合いに、そんな男性がいます。
ルックス通知表なるものがあれば、いわゆるオール1。

しかし、彼は昔からモテモテで、

**常に彼女がいる。**

そんなスーパーモテ男はこう言っています。

「女性が男と2人で飲むということは、
 悩みを聞いてほしいということ。
 どんなにかわいい女の子でも100％悩みを持っている」

彼は女性の話を聞いているあいだ、

「うん。そうだよね。わかるよ」

## 「うん。そうだよね。わかるよ」

## 「うん。そうだよね。わかるよ」

# 「うん。そうだよね。わかるよ」

ほとんどそれしか言わないのだそうです（笑）

すると、どうなるか？

## 「つきあってほしい」

と女性から告白されてしまうそうです。

ちなみに、
「うん。そうだよね」までは、
けっこう誰でも言うんです。

ポイントはその後。

「うん。そうだよね。でもさ……」
と続けるのがモテない人。

そうじゃなくて、

# 「わかるよ」

ここがモテポイントです。

「太ってるからモテない」
「かわいくないからモテない」
「かっこよくないからモテない」
「髪の毛が薄いからモテない」

# それらは全部、気のせいだったってことです！

 3秒セラピー♪

「うん。そうだよね。わかるよ」

よ 男の子たちは、今日からこれ使う人、多いでしょうね。
ひ うん。そうだよね。わかるよ。
よ ……。

# モテ男の秘密〈その1〉

ヤス

おれは昔から、
飲み会など、いろんなところで
モテ男にインタビューをしていました。

「なー、教えてくれへん？ なんでモテるん？」

顔がかっこいい人には聞きません（笑）

モテる方法を知るには、
実際にモテている人に聞くのが、一番早い。
単刀直入に聞く人って、意外と少ないんです。
モテる人たちって、素直に聞いたら快く答えてくれますよ。
（わからないことはわかる人に聞く。これ、何事も基本です）

モテ男の彼らには共通点がありました。

## 「明るい、楽しい」
## 「女性好き」
## 「女性を大切に扱う」

この3つが共通していました。
あれー？ それだけ？
と思うかもしれませんが、実は、もうひとつあります。

これがたぶんすごい重要です。
なんだと思いますか？

モテる人たちの最後の共通点。
それは、彼らは全員、

# 「モテに行く」

人たちだということです。

「モテる」は受け身ですが、
「モテに行く」は自分から。

そうなんですよ！
「モテ」とは、向こうから勝手に来るんじゃなくて、
自分からモテに行くものなんです。

だから、彼らはほんとうは「モテる」んではなく、
「モテに行く」プロです。

心がまえも知った。
外見も努力して磨いた。
女性の扱い方も覚えた。
本もいっぱい読んだ。

モテ男の秘密〈その1〉

# さぁ、来い!

## 3秒セラピー♪

### おーい!
### 待っててどうすんねん。
### モテに行かんと!

- ヤ 黙っていてモテるよりも、モテに行ってモテるほうがかっこいい。
- よ わたしも、相手への好奇心、好意を素直に出します。
「この人楽しそう♪」と思うと、自然に相手への好意が、
行動や表情にあらわれてくるのだと思います。
この素直さを表に出すのが恋愛の一番の壁なんですが、
それさえ乗り越えれば人生は変わります。

それに男性は、
「おっ! もしかしてこの子、おれに気がある?」
くらい思わせないと、なかなか最初のアプローチはしづらいものですよ。
・相手の目を見て、ちゃんと話す
・相手をほめる
・一緒にいて楽しい、ということを笑顔や言葉で伝える(「あぁ楽しかった!」
　という独り言でもいい)
・「今度ごはんしましょう♪」と誘う
このくらいサインを出さないと男性は来てくれません。
男性はみんなチキンハートなのです(笑)

# モテ男の秘密〈その2〉

先日出会った方と、こんな会話をしてました。
「モテるでしょ?」
とおれ。

「はい。モテますね」
「おぉー! やっぱり!」

「ヤスさんにお話ししたいモテの秘訣がひとつあるんです」
「すごーい! うれしいです、聞かせてください!」

## 「相談です」

「あぁー、女の子から相談を受けると、
　グッと親近感がわきますもんね〜」

# 「違います。おれが女の子に相談するんです」

彼は女の子に、自分の仕事のことや、
ちょっと困ったことを相談するそうです。

男ってかっこつけですから、
そういう弱い部分を見せたくないですよね。
好きな人になら、なおさら見せたくない。

モテ男の秘密〈その2〉

## でも、彼はあけっぴろげに、
## 相談するそうです。

すると女の子は真剣に答えてくれて、
距離がグッと近くなるんですって。

実際に女の子は身を乗り出してくるから、
物理的距離も近くなる（笑）
そして、すごくいい答えを返してくれるそうです。
やっぱりかっこつけないで、「素」を見せることは大事ですね。

鏡は先に笑わないように、
あなたからハートをひらかないと
世界は変わらないのです。

 3秒セラピー♪

かっこつけてるうちは
かっこ悪い。

- ひ 「『ひすいこたろう』」
- ヤ ひすいさん、これどういうオチなんですか？
- ひ カッコつけてるひすいこたろうです。
- ヤ 確かにかっこ悪いですね（笑）

【協力】しっしー［27歳・会社員］

# 飲み会で効くHandほめワザ

**読者セラピー**

モテる秘訣を聞きました。
わたしの彼から（笑）

グラスを持つ、タバコを吸うなどなど、
相手の手がよく見える動きをしたときに
こう声をかけるのだそうです。

## 「指、なげ〜ぇ！」

ここは、でかい声で驚くといいみたいです（笑）

「ちょっとちょっと。比べてみていい？」
などと言って、
相手の前に手を出します。

たいていの人は手のひらをくっつけて、
大きさ比べに応じてくれるようです。
（はい、わたしも応じてしまいましたから・笑）

ちょっとしたスキンシップですが、
これをやると、親密度ががぜん増して、
話しやすくなるということでした。

飲み会で効くHandほめワザ

ちなみに指が長くない場合も手は打ってあるそうです。
その場合は……

# 「手ちっちゃい！　かわいい！」（笑）

というわけで… 3秒セラピー♪

「手をつなぐだけでも
　ふたりのオーラは融合する」
　　　　by江原啓之

よ　わたしも爪を長く伸ばしてネイルをしてるので
　　いつも「それホンモノ？」と会話のネタにしてもらえます。
　　そしてすかさず「そうなの、触って〜♪」と触れあいます（笑）
　　相手の手もナデナデしちゃう。
　　手は、つきあうと一番初めに始まるスキンシップだから。

【お話】雪音（ゆきね）［29歳・コールセンターオペレーター］
【出典】『愛のスピリチュアル・バイブル』江原啓之（集英社）

## 最近ナンパされないの

**読者セラピー**

わたしはいま24歳なのですが、
これは高校生のころのお話です。

ある日、
「ねぇねぇ、わたしね、気になってることがあるんだけど、
　最近ナンパされないの……」
って友だちに相談したんです。

ナンパされて遊びたい、とかじゃないんです。
当時はナンパされることによって、
自分に興味を持って話しかけてくれる人がいるってことが、
大切だったんですよ。

友だち「そんなこと!?（笑）」
わたし「なにか原因があるのかな？」

あまりに深刻そうなわたしを見て、
友だちも一緒に原因を考えてくれました。
でも、答えはすぐに見つかりました。

# 「わかったよ！　表情!!
# 　○○はね、ひとりで歩いてるとき、
# 　顔が少し怖いの！」

数分後、そんな悩みはすぐに忘れて、
ぜんぜん違う話で盛り上がり、
笑いながら2人で歩いてたんです。
すると……

最近ナンパされないの

知らない男性「ねぇねぇ」
友だち＆わたし「まさか！！！」

そう！　ナンパされたんです！！

**ふだん自分が
どんな顔をして歩いているのか、
わかりません。**

だからこそ、笑顔ってとっても大事なんですね。

というわけで… ３秒セラピー♪

笑う門には、
イイ男、イイ女！（笑）

ひ　「笑顔は最高の化粧」って言うもんなー。
ヤ　うちのかあちゃんを外で見たとき、なぜかニコニコしていました。
　　「今日外で見たけど、めっちゃニコニコしてたで。なんかあったん？」
　　と聞くと、母は、
　　「え、無意識やわ」
　　笑顔になるのに、理由なんていります？

【お話】マイムー［24歳・幸せ探検隊］

## 相手の気持ちがわからない

「女心がわからない」
「男ってなに考えてるの!?」
こんな言葉、言ったりしたことあります？

いろんなモテ男、モテ女と接してきてわかりました。
この言葉……

## モテる人は言いません。

やっぱりモテる人たちってのは、
女心、男心がわかってるんだなー、と思うかもしれませんが、
そんなこともないんです。
なぜか？

# わからないのが、
# ふつうだから。

わからないからわかろうとする。
男性なら女性の気持ちに、
女性なら男性の気持ちになって
考えてみる。

おれは彼女の帰宅が夜遅くなるのなら迎えに行きます。
（この話は「彼女に会いたい」ということが
前提にあるんで、そのつもりで聞いてください）

相手の気持ちがわからない

この行動、まわりから見れば、
「ヤスはやっぱりマメよね」ですまされます。

違うんです。

**「女性なら、ひとりで夜道を歩くのは怖いだろうな」**
**「女性なら、こう思うんじゃないかな」**

そう思っただけなんです。

「相手の気持ちがわからない」って思っちゃうのは、
わかろうとしないことが原因です。

というわけで… 3秒セラピー♪

「わかってあげたい」というその気持ちが、
もう、最高にうれしいんだ。

ひ　2人で一緒に素敵なお宿に泊まって、
　　そこで、こうされるとうれしい、これはされたくない、など、
　　おたがいの「自分説明書（取り扱いレシピ）」をつくるのも楽しいかもね。
　　イライラしてるときはそっとしておいてほしいタイプとか、
　　エビは苦手だけど、カニは好きとか（笑）
よ　男心は女心よりわかりやすいのですが（笑）
　　それでもカンペキにわかるなんてことはありません。
　　常に「いまどう感じてるのかな？」と想像して
　　「○○したら喜んでもらえるかな♪」と
　　一緒に過ごす時間が心地よくなるように
　　できる範囲で気にかけています。

## 恋はサプライズ

**読者セラピー**

15年前の夏。
僕には、片想いの彼女がいました。

彼女の誕生日は7月で、そのときに告白をしようと、
1ヵ月前から考えてました。

はじめのうちは、どうやって気持ちを伝えるかを
ずっと考えていたのですが、
そのうち、そんなことはどうでもよくなりました。

一生に1回しかない、
その歳の誕生日を一緒に過ごせる。
そのことが、すごいしあわせだなって思い始めた。

だったら、
その日を彼女の最高の誕生日にしてあげようって
思ったんです。

## どうしたら喜んでくれるだろう?
## なにをしたら楽しんでくれるだろう?

そこで僕が思ったのは……


ドドーーーーーーーーーン

恋はサプライズ

「花火」を打ち上げよう！　と。
それも、オモチャじゃなくて本格的なのを、です。

しかし、花火を打ち上げるには
資格が必要ということが判明。

## ならば、資格をとるまで！

僕は講習を受け、
ついに「煙火打揚従事者手帳」を取得しました。
（※現在は、業界従事者でないと取得できないようです）

誕生日当日、彼女を含む仲間6名でお台場で夕食会。
打ち上げ花火のことは、彼女だけが知りません。

夕食後、打ち合わせどおりに
全員で浜辺で花火遊びをしました。

仲間に彼女の気をうまく引きつけてもらい、
僕はそのあいだに、せっせと打ち上げ花火の筒を準備。

「さ、じゃあそろそろ帰ろうか」というタイミングで、

ボン！
ヒュルルル～～～

# ドドォーーーーーン!!!

## 3秒セラピー♪

### 恋はサプライズ♪

よ　女性がされたら弱いこと……
それは定番感のあるサプライズです。
具体例を挙げると、
- 誕生日や記念日に、プレゼントとカードにお花をそえる
- なんでもない日に小さいプレゼントを贈る
- 「会いたかった」と、会ってすぐに言う
- ごはんを食べてお会計、と思ったらもう払っておいてくれてた
  （女性がトイレに立ったときがねらいめ）
- 時間をかけてちゃんと抱きしめる

こんな感じです（笑）

【お話】@NOISE［40歳・会社員］

## 喜びはギャップで倍増させる

昔、彼女とデートしていたときの話です。
彼女がお店で売っていたアクセサリーを気に入って、
僕に意見を求めてきました。

僕は「う〜ん。よくわからないな。早く行こうよ」
と促し、店を出ました。

そして喫茶店に入りました。僕は、

## 「トイレに行ってくる。"大"のほうね」

と言って席を立ちました。

つまり、ウンコってことですね。
15分後。僕は席に戻りました。
さて、こんな僕はフラれたのでしょうか？

正解は、目がウルウルするくらい
彼女は僕に感動していました。

はい。アタリです。

ウンコに行くと見せかけて、
さっきのアクセサリーをダッシュで買いに戻って
ラッピングしてもらい、ポケットに忍ばせ、
それを彼女に渡したからです。

お店で意見を聞かれて
「う〜ん。よくわからないな」
と無愛想に言い、
しかも、喫茶店では「ウンコ」。

「コイツ、ダメだわ」
と僕に対する期待値を下げておいて、
最後に「カウンター」をくり出す。
この作戦を僕はこう名づけています。

## 「ウンコウルウル大作戦!」

え、名づけなくていい？(笑)

※使用上の注意
　ウンコと言って席を立ち、戻ってきたら彼女がいない
　という恐れがありますので、十分ご注意ください。

### ギャップで演出しよう。

ひ　相手の思い出の場所、
　　たとえば、出身高校のグラウンドなどで
　　相手の昔話を聞くことも有効なギャップになります。
　　彼女にとって懐かしい場所にあなたがいることで
　　過去と現在という時空を超えたギャップになるのです。
　　「ギャップ」とは、「魅力の面積」だと考えるといいですね。

## 恋の最終回答

恋愛に関する、いろんな本を読んできて思ったこと。

それは、恋愛は、

# ……矛盾だらけ。

ということです。

「女の子は自分から告白するべからず」
と書いてある本もあれば、
「女の子も積極的にガンガン告白しちゃえ！」
という本もある。

## どっちやねん！！

「メールはすぐに返信したらダメ」
「メールはできるだけすぐに返信しないとダメ」

## どっちやねん！！！

関西人じゃなくてもツッコむと思います。
恋愛本をいろいろ読むと、もう矛盾だらけになってきます。
なーんにもできなくなっちゃいます（笑）
で、結局具体的にどんな行動をすればいいのか？

もう言いました。

え？　わからなかった？
じゃあ、もう一回だけ言いますね（笑）

# 「どんな行動を
# 　すればいいのか？」

これを考え続けることが大切なんです！

モテることを考えるというのは、結局のところ、
「相手」のことをちゃんと考えるということです。

自分ひとりではモテることができません。
相手がいて、初めてモテる。

でも、そんなあたりまえのことを、
みんな見落としがちなんです。

メールが好きな人なら、早く返信がほしいだろうし、
メールが嫌いな人なら、メールよりも直接話したいでしょう。

あなたの好きな相手、モテたい相手の性格はバラバラ。
それに対してひとつの答えで対応するのは、無理です。

恋の最終回答

相手をよく観て、
「この子にはどんな行動をしたらモテるんかなー？」
って考えて行動することが、
恋の最終回答になります。

だから、誰でも落とせる口説き文句やテクニックなんて
ほんとうはないんです。

# それを考えることが
# 答えなんやもん！

「答え」に意味はない。
「問う」ことに意味がある！

- ひ　ヤスの最終回答いいね。
  そうやって多くの女性のハートを盗んだんだな。
- ヤ　それは"回答"じゃなくて"怪盗"！
- ひ　これで冷めた関係も温まるね。
- ヤ　それは"解凍"!!

## CHAPTER 2

# 素敵な出会い編

出会いがゴロゴロ見つかる!
[モテLifeスタートコース]

> 恋は全て初恋です。
> 相手が違うからです。
> ——中谷彰宏(作家)

# トイレ☆モテ論

会社員をしていたときの数年間、
自分に課していたルールがあります。
それはそれはとても厳しいルールです。
それは、

## 「ランチは必ず違う店で食べる」です（笑）

そして、まずお店に入ったら、
真っ先にトイレを見に行きます。

## 「神は細部に宿る」

という言葉がありますが、
お店にとっての細部は、まさにトイレだと思います。
先にトイレを見て、これから出てくる料理の味を想像する、
というストイックなトレーニングを
僕は毎日自分に課していたわけです（笑）

たいていトイレがきれいなところは繁盛している。
でも、やっぱりたまに例外はあるんですよね。
現にトイレがイマイチでも、
繁盛してて美味しいお店もあった。

例外がない法則はないものかなー、と、
探していたところ、ひとつだけ見つけました。

これをしているお店は例外なく繁盛してるし、
味もいいという黄金の法則。それは……

## トイレに生花を生けているお店です。

生花は、生け方を考えたり、毎日お水を替えたり、
とても手間がかかります。
にもかかわらず、生花を生けている。
そこにお店の気合があらわれます。
すべてに手間を惜しまない姿勢を、
一瞬で感じ取ることができます。

実は、女性が恋愛でうまくいくためにも、
押さえなければいけない細部が存在するといいます。
恋愛運がグンと高まる細部、それは何か？
　ここからは、モテ女・よう子さんに登場していただきましょう。

よう子です。

細部こそ女の余裕があらわれます。
女性の細部、それは……

## 爪と髪の毛です！

ここだけしっかりしていれば、
かなり「いい女風」に見えます。
丁寧に生きている姿勢が、一番あらわれるところだから。

トイレ☆モテ論

毛先がパサパサだと自分でも気になりますよね。
売れている女優さんで髪がパサパサな人はいません。
肌も爪も髪も、大事なのは艶です。

できれば髪は美容院でトリートメントしてもらってください。
(全然違います!)
仕事上ネイルをできないという方もいると思いますが、
足の爪なら自由にできますよね。
夏にサンダルをはくときに、意識してみてくださいね。

「お金をかけなさい」ってことではなく。
肌や爪や髪が整っていると、気持ちに余裕ができるんです。
この気持ちの余裕が、いい出会い運をもたらしてくれます。

「いつ恋が始まっても大丈夫!」
そう自信を持って言えるように。

というわけで… 3秒セラピー♪

### 余裕があるから、丁寧にケアするんじゃない。
### ケアしてるから、余裕ができる。

> ちなみに、眉毛とまつ毛も大事な毛です(笑)
> 眉毛はちゃんと整えて、まつ毛もきれいにマスカラをつけて、
> ケアできたらパーフェクト! ポイントは「清潔感」ですね。

## for M&W 「出会いがない」と言ってる人の落とし穴

ヤス

「モテるもなにも、
　社会人になってからまったく出会いがないよ。
　コンパではいい出会いもないし……」

こんな話はよく聞きます。

おれも社会人になってから、
女性がまったくいない環境で働いていました。
こんな状況だとグチりたくもなります。

いや、実は、まったくグチりませんでした。

## 出会いはいっぱいあったからです。

男女関係なく。
むしろ学生時代よりも多かった。

学生のときの友だちの友だちとか、
よく行くお店で仲良くなったり、
ふつうにやりたいことをやってました。

作家のひすいこたろうさんに思い切ってコンタクトして
一緒に本を出すことになって、
そこでいつもの日常では出会えない、
いろいろな人と出会えました。

趣味のダーツでは、SNSでサークルみたいなものをつくってみんなで集まり、そこでも老若男女、出会いが増えました。
結婚式に呼んでもらったり、来てもらったりもしました。

そうです。

## おれは、好きなことをしていたら友だちが増えました！

自分だけではなく、まわりも出会いは少ないんです。
だから、みんな新しい出会いを求めている。

そこでどうするか。

「コンパに行きまくれ！」とか
「いろんな人をナンパしろ！」とか言いませんよ。
「毎朝出会う、気になる人に声をかけろっ！」
なんて、特別なこともおれは言いません。

# 好きなことをしてたらいいんです。

とはいえ、人は新たな環境に弱いみたいです。
ストレスなんです。環境が変わるのは。
いつものパターンが一番ラク。

ただ、いままでの行動は、出会いのない行動なわけだから、
ちょっとだけ変えてみればいいんです。
過程を変えないと、結論は変わらないから。

でも、もっというなら、
出会いがないと思う人の一番の問題点は、

**他人との接点を
めんどくさがっていること。**

そりゃあ、あきまへんで。

ほんのちょっと、
出会いに意識を向けて、
あとは好きなことをしてたらいい。

ヤ　たとえば、違う通勤ルートを使ってみる、
　　ランチはいつもと違う場所で食べてみる、
　　友だちの誘いにめんどくさがらず乗ってみる(これが重要)。
　　同性の人との出会いであったとしても、新たな友だちの友だち、
　　その友だちの友だちというように、どんどん出会いが広がります。
　　だから、「そんなこと、出会いにつながるの?」なんて思わず、
　　どんどん行きましょう。
　　めんどくさがらずに。

# 1秒で恋愛モードに入る方法

おれは、毎日毎日恋愛のことを考えてます。
それを考えるのがしあわせなんです。
だから、モテるんです。
いま、モテなくて悩んでいる人は、
まず「恋愛モード」になってください。
友だちの恋愛話を聞いてあげるなどして、
自分を恋愛に巻き込んでください。

恋愛モードに入れば、そのモードに引き寄せられて、
あなたのまわりに
恋愛モードの人が集まってきます。

では、どうすれば恋愛モードに入れるのか。

「合コンに行く」「異性の友だちと遊ぶ」
いろいろあると思うのですが、最初は、

## 「異性を意識する」

これだけでいいんです。
たとえばこんなふうに。

♥ **街で素敵な異性をさりげなく見る（笑）**

♥ **服は異性を意識して選ぶ**

♥ **オシャレをしてみる**

♥ 恋愛系の本を読む

♥ いいにおいのシャンプーに変える（もちろん男性も）

♥ 同性の友だちとごはんに行くときでも、
　オシャレな場所を選ぶ（とくに男性は居酒屋もオシャレ系に）

♥ 恋愛の映画を観る、恋愛系の音楽を聴く

モテない人は、意識さえしていない。
意識すると、自分のまわりのエネルギーが、
ガラッと変わります。

そして一番おすすめしたい「モテるアイテム」は
香水です。

いままでつけたことのない人、一度試してみてください。

香水をつけることによって、
自分からいいにおいがするので、
恋愛モードに入りやすいんです。

# 相手じゃなく、自分が！

香水は、自己暗示アイテムです。
好きなにおいが自分から出ていることで、
テンションが上がります！

動物は、においで好き嫌いを判断します。
なわばり争いや繁殖行為などの、生命の維持や種の保存は、におい（フェロモン）を嗅ぎ分けることで行われています。

人間も同じ。
本能的に、においで好き嫌いを判断しているんです。

というわけで… 3秒セラピー♪

1秒で「恋愛テンション」を上げる。
それが香水。

- ヤ 手首とか首筋だとちょっとキツくなるんで、おれはおなかにつけてます。
  あと、頭の上でシュッとして、その下をくぐる感じでつけると、
  いい具合になりますね。
  自分がいなくなっても、ほのかな残り香が存在感を際立たせる……。
  それがいいらしいです。
  彼女は、おれと同じ香水をつけている人に街で会うと、
  思わずついていきそうになると言っていました（笑）
- よ いまの旦那さんに出会ったとき、香水の香りじゃないのに
  本当にいい香りがして、そこにかなりヤラれました（笑）
  体が先にゆるむんですよね。
  やっぱり体の感覚はすごい。なんでも知ってます。
  一緒に暮らすようになったら消えてしまった、幻の香りです。

# 最高の男を見分けるコツ

ちょっとだけ自慢していいですか？
わたし、ほんとうにいい男ばかりにモテるんですよ（笑）
それは、恋愛において、
最高の男を見分けるコツを知っているからだと思うんです。
いい男は必ず次の共通点を持っています。

- ♥ **柔軟性がありながら、ブレない芯を持っている**
- ♥ **目を合わせてちゃんと話ができる**
- ♥ **両親を大切にしていて、仲がよい**

とくに、家族関係は大切です。

先日、人気作家の森沢明夫さんにお話をうかがいました。
森沢さんは、人物を深く掘り下げたノンフィクションの作品を
よく書かれているのですが、
人物のバックグラウンドを知るために
必ず聞くことがあるのだそうです。
やっぱりそれは、家族関係でした。
その人の価値観や人との距離のとり方、幸福観の片鱗など、
いろんなことが見えてくるとおっしゃっていました。

わたしもデート中の会話で、さりげなくリサーチします。
親と仲がよいのか、親のことをどう思っているのか。
もしその人が、自分の親に対して
感謝のかけらもなさそうだったら……
その人は、いまはやめておいたほうがいい。
恋愛だけならまだなんとかなりますが、
結婚となったら、家と家とのご縁になるので、

ちょっと大変かもしれません。

男性は、父親との関係が会社の上司や先輩など、
年上の方とのつきあい方にあらわれます。
母親との関係に、彼女とのつきあい方が出ます。
つまり、恋愛において大事なことは、

## いま、自分のそばにいる家族から、
## 学ぶことができるんです。

家族を愛し、大切にすることが恋愛の始まりでもあり、
恋愛が実り、結婚した後も続く道です。

その他、わたしの経験から、
相手のどこを見ておくとよいかを
お伝えしておきますね。

- ♥ 笑顔がウソくさくない（笑）
- ♥ 浮気したことがあってもいいけれど、それにちゃんと懲りて現在は誠実であること（たとえばいま彼女がいるのに、あなたにアプローチしてくるようならその時点でアウト）
- ♥ 店員さんなど、公共の場で出会う人に対する態度が横柄ではないか
- ♥「ありがとう」「ごめんね」をちゃんと言えるか
- ♥ 仕事を通して、どんな自分を表現しようとしているか、そこに共感できるか
- ♥ 女性を楽しませようとするホスピタリティがあるか
- ♥ メール、電話の頻度など、距離のとり方は似ているか

一瞬で始まる恋もあれば、
じっくりと育っていく恋もあります。
大切なのは、「相手にどう思われているだろうか」と
気にすることではなく、
自分は相手をどう思うか、どう感じているか、ということ。

恋愛の真っ只中は、実は自分と全く合っていないところが
たくさんあっても、すぐに目をつぶってしまうもの。
でも、時折ちゃんと確認しましょう。
いまのあなたにとって、その人といる時間が、
ほんとうに心地よいのかどうか。

### 家族は文化。
### 相手の幸福観の片鱗がそこに出る。

ヤ 「おれを育てるときに、
　これだけは絶対にちゃんと教えようと思ったことってなに?」
と、母に聞いてみました。すると、
「わたしは唯一これを考えてあんたらを育てたわ。
　人の感情がわかる子。人と感情が共有できる子。
　とくに、人の痛みがちゃーんとわかるような子にね、育てようと思った。
　相手が喜んでたら、自分も一緒になって喜べる。
　相手が悲しんでたら、自分も悲しい。
　相手がイヤやなぁって思うことは、絶対にしない。
　そんな子にね、育てようと思ったわ」

【協力】てんたま［23歳・大学院生］

## まずは9人にフラれてみよう

「いますぐにどうしても恋人がほしい」

こんなムチャな相談をされることがあります。

そんな人には、
「9人にフラれてください」
と言っています。

天才とか、一流っていわれる
バッターの打率をご存じですか？

# 3割です。

3割うまくいけば天才です。

いますぐにどうしても恋人がほしいと相談されたら、

「9人にフラれてください。
　10人目でつきあえます」

とおれは答えます。

最初からチャンスをつくろうと思わないほうがいい。

まずは9人にフラれてみよう。
ピンチのあとに待っているのは、チャンスだから。

チャンスをつくるよりも
ピンチをつくるほうが簡単。

だったら、あなたがやることはただひとつ。

# ピンチをつくればいい。

 3秒セラピー♪

### 昼はランチ。
### 恋はピンチから!

- ヤ　ほら!　いま素敵な人が目の前を通っていったで!
  フラれておいで♪
- よ　男性は「ガンガンフラれておいで♥」と思いますが(笑)、
  女性にこのチャレンジはちょっと難しいかもしれませんね。
  女性は「決定打を自分から打たずに(告白とかはしない)、
  友人以上になりそうな男友だちをつくって楽しむ」ぐらいが
  いいと思います。
  まずは「魅力的な人はたくさんいる」ということを「知って」ください。
  「この人しかいない!」というような必死さ=余裕のない女性は、
  なかなかモテません。

## 恋の100メートル走

...................................................... **読者セラピー**

100メートル走では、
100メートルきっちり走ろうとするよりも、
120メートル走るつもりで駆け抜けたほうが速い。
100メートルきっちり走ろうとすると、
ゴールを前に失速してしまうからです。

日本トップレベルのランナーが走っているのを見ても、
やっぱり彼らもゴールテープを軽く越え、駆け抜けています。

だから、かなえたい夢があるなら、
それを手に入れるところまでしか夢を描かないのは、
もったいないんです。
そのために出す力は、
「いまここ⇒夢」までになってしまう。

かなえたい夢のその先、つまり、
○○をかなえたら、
次はどんなことをしようとか、
どう広げていこうとか、
そういうのをワクワク考えていくことで、
自然と夢がかないます。

恋愛も結婚も同じです。
わたしは、好きな人がいたら、
恋人になるところまでではなくて、

## 「2人でこんなことしたいな」
## 「ここに行きたいな」

などと、つきあったその先を具体的に考えます。
(「あの人と友だちになりたいな」でも一緒です)

なので、好きになった人に真正面から告白するというよりも、
2人でしたいこととか、行きたいところを、
正直に相手に伝えています。

そうすると、いつのまにか恋人同士の関係に、
発展していたりするんですよね。


「愛する——
　それはお互いに見つめ合うことではなくて、
　一緒に同じ方向を見ることである」
by サン・テグジュペリ

3秒セラピー♪

夢のその先を描いて
ときめこう。

ヤ　恋人がほしかったら、恋人となにをしたいか考える。
　　大学受験もそうです。大学に入ることを目的にするより、
　　大学に入ってなにをしたいかが明確になっていると、
　　合格率はハネ上がります。

【お話】あけちゃん［24歳・OL］

## 運命の人の居場所を「見える化」

すぐに素敵なパートナーとめぐり会える人と、
なかなかいい出会いに恵まれない人、
この違いはどこにあるのでしょうか？

その違いを、結婚相談所をやっている友人が教えてくれました。

## 「ステキな人とのご縁を大事にする人」が、実は、出会いに恵まれない人の共通点だそうです。

え？
って、思いましたよね。

正確にいうならば、
ステキな人とのご縁だけを大事にする人が、
出会いに恵まれない人の共通点だそうです。

パートナーになる人との運命の出会いは、
たいてい思いがけない人を介して
ご縁が結ばれることが多いからだといいます。

ということで、

## 世界初！
## 運命の人の居場所の見える化！（笑）

運命の人は、ズバリ、ここにいるのです！

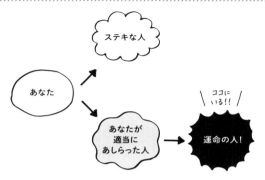

つまり、「この人は大事だから丁寧に接する」、
「この人は、そうでもないから適当にあしらう」などと
人によって態度を変えていると、
運命の人との出会いが途絶えてしまう。

**適当にあしらった人のその先に、
運命の人が待っているかもしれないから。**

### いま、目の前にいる人こそ、運命の人につながる扉。

ひ　心理学博士の小林正観先生は、弁護士や会計士、税理士などの専門家が
　　必要になったら、インターネットなどで探さずに、
　　「いい弁護士知らない?」と、友人10人に聞いてみることだといいます。
　　よい友人を持っている人には、必要な方が、ちゃんと紹介されるそう。
　　つまり、常日頃からよい友人関係を持てているかというのが問われます。
　　で、そのよい友人10人に、こう声をかければいいんです。
　　「わたしにぴったりの、いい人いないかな?」

# 恋は下心

ヤス

一気に女性との距離が縮まる、
上級者編の恋愛テクニックを公開します。

女性と食事に行ったある日の話を再現します。

「ヤスさー、
　わたしのことほめたり、うれしくさせてばっかりで、
　もしかして下心とかあるんちゃうん？（笑いながら）」

## 「おー、あるある、
## 　下心めっちゃあるで（笑いながら）」

おれはこう答えるんですが、ごめんなさい。
これで好かれてしまいます。

「だって、めっちゃかわいい子を目の前にして、
　下心ないほうがおかしいやろお！」

「あはははははは！　アホやなー」

「あはははははは！　アホやろー。でも下心はあるわ〜」

「あはははははは！」

めっちゃアホな会話ですね。

ふつうは、「下心がある」なんて、
絶対言っちゃいけませんからね。
むしろ隠さないといけない最重要事項。

でも、おれは言っちゃうんです。

# いいやん。
# 下心あんねんから。

あったほうが楽しいし。
あっさり認めたほうがむしろ和やかになりますよ！

「この人、下心あったらどうしよう」
って女の子に思われるのイヤですから。

そんなこと考えてると、
そっちにばっかり気がいってしまって、
その場を楽しめなくなってしまいます。

**「あ、そうか、下心あるんだ」**
って相手に思わせたほうが話が早い。

だって、恋には下心がつきものだから。

そもそも『恋』という漢字の下に『心』がある。

『恋』は「下心」です。
駆け引きなんてあったもんじゃない！

ただ、いきなり言っちゃダメですけどね。
また、下心ばっかりやと、確実に殴られるけども（笑）
ちゃんと笑い合える関係を築いてからです。

下心があるのが、むしろ自然。
だから、

# そんな下心すら、自分で受け入れます。

すると、逆に素の自分でいられます。

『若』いときは『下心』。
すると『惹』かれるという字になります。

下心を隠すことにエネルギーをそそいで、
素の自分を出せないことが、
むしろ一番もったいない。

下心すらかわいく表現できたら、
それも魅力になるってことですね。

## 下心あるほうがモテるで(笑)

うん。
下心めっちゃあるで!

- よ　むしろ下心がないと相手に失礼です。
  女性として見ていないってことだから。女性にも下心はありますし。
  「今日、もしかしたら……キャー」みたいな(笑)
  ちなみにわたしは気合デートなら、服もランジェリーも新しく買います(笑)
  つきあいが長い方も、マンネリ防止になりますよ!!
- ヤ　おれは彼女に言いますね。
  「常に勝負下着でおれに会ってね」って。
  そしたら彼女は、
  「そんなんあたりまえやん」
  ……まいりました。
- ひ　下心がない人生なんて、星のない星空のようなものです。
  例えはイマイチですが(笑)、
  下心がなかったら、とっくに人類は滅びていたでしょうね。
  下心は愛の始まり♪

## 恋愛ドイツセラピー

読者セラピー

わたしの姉の友人である
ドイツからの留学生の名言を紹介します。

姉は半年以上前に、恋人と別れました。
一見なにもなかったかのように、日々を暮らしていたのですが、
その恋人とは、自分のなかのコアな部分を
見せ合った仲だったので、
ほんとうはとても悲しかったようでした。

姉が、そのことをドイツ人の友人に言ったところ、
「日本で親しい人が亡くなって、
　悲しむ期間のことをなんと言うの？」
と質問されました。

「喪中だよ」と答えると、
友人はこう言ったそうです。


# 「日本人は、悲しいことがあった後、
　喪中しないとだめです」


恋人と別れたら、日本人はすぐ「次いこう、次！」と言うけれど、
ちゃんと、ひとつの別れという悲しみと
向き合わないとダメだと。

それ以降、その友人は、毎日のように姉に
「今日は、ちゃんと泣いた？」
と聞いてきたそうです。

姉は、無理やり忘れようとしていた自分の悲しみと向き合い、
思いっきり泣きました。

ありのままの自分の感情を受け入れること。
それをしなければ、
恋は結末を迎えられないから。

悲しみに向き合って過去を受け入れることは、
将来に目を向けるために大切なことなんですね。

というわけで… 3秒セラピー♪

二度とない人生。
すべてはかけがえのない体験だから
しっかり味わおう。

ひ　季節に春夏秋冬があるのが彩りであるように
　　感情にも喜怒哀楽全部あるのが、豊かさなんです。
　　喜び＋怒り＋哀しみ＋楽しみ＝愛。
　　感情を全部足すと愛になるのです。

【お話】tomoEvskyさん［27歳・会社員］

CHAPTER 3

# 恋愛コンプレックス編

まず自分を好きになろう！
［あなたらしいモテコース］

> なるほど、あの娘は美しい。
> しかし、美しいと思うのは
> お前の目なのだよ。
>
> ――クセノフォン（古代ギリシアの哲学者）

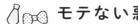 

## モテない悪循環から抜け出す方法

ヤス

恋愛がうまくいくようになると、ほんま、しあわせになります。
だから、おれはモテない人に、
恋愛理論を伝えたいっていつも思うんですが、
モテない人は、100％こう言うんです。

## 「いや、おれには無理やから」

と、ハナっからつっぱねます。

モテる人はモテることに貪欲です。
モテない人はまったく無関心。
だから、モテる人はますますモテて、
モテない人はますますモテない……と。

じゃあ、そんな悪循環から抜けだすキッカケを
どうつくればいいか。
おれのモテる秘策のなかでも、
とっておきのものを公開しましょう。

これだけで、
巷にあふれている「恋愛本」を
一蹴できるくらいのパワーがあると思っています。

# 「おれはモテる」

この言葉なんです。

よく、友だちからは、
「どうしてお前がモテるのかわからない」
「なんでいつも恋人がいるの？」
「かっこよくも、お金持ちでもないのに、ずるいよ！」
などと、もう友だちとは思えないようなことを言われます。

確かにおれは、かっこよくも、お金持ちでも、
有名人でもありません。

## でも、モテます。

この言葉を使ってからは。

もう口癖のように言っています。
思うだけじゃなくて、口に出してちゃんと言います。
ウソみたいですが、ほんとうです。

「なんでいつも恋人がいるの？」
「そりゃあモテるからねぇ。アハハハハハ」
こんな感じで。

「自分はモテる」と言っていると、
まわりが勘違いするということもありますが、
一番のポイントは、言い続けてると、

## 自分が勘違いするのです。

モテない悪循環から抜け出す方法

おれはモテる、と（笑）
だから、恋愛に対して、かなーりポジティブになります。

「ありがとう」という言葉が持っている力のように、
この「モテる」という言葉にも力があります。
ひとりでいるときにつぶやくようになれたら、
プロです（笑）

「モテ審査員」なんていませんから、
自分で言っちゃいましょう。

「やっぱ、おれモテるわぁ〜」
1日30回はつぶやこう(笑)

- ㊅ いい言葉を使うと、いいことばかり起きるから！
  はじめに言葉ありき。
- ㊛ わたしは、男性に「モテるでしょ？」と聞かれたら
  「おかげさまで♡（にっこり）」と適当に受けて流します（笑）
  ヘンに真に受けてそこで会話を止めないことが大切。
  「そんなことないです〜ほんとモテなくて〜」というふうに
  自分を下げるような受け答えをしないこと。
  いかにダメな恋愛をしてきたか、なんて語り始めたら、
  もう「本命」にはなれません。
  早く別の話題に変えてしまいましょうね。

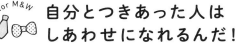 

## 自分とつきあった人は しあわせになれるんだ！

新卒で初めて入社した会社で、
僕は営業マンでした。

その会社で扱っている商品は、たくさんありました。
「これらの商品をどう売り込めば買ってもらえるのか？」
1点1点考えて、通販会社に売り込む仕事です。

営業マンの僕が、一番売ることができたのは、
音を聞いて、脳をリラックスさせるマシンでした。
数ある商品のなかで、
なぜそんなマニアックで一般的ではない商品を、
一番売ることができたのか。
その理由を考えてみて、ふと気づきました。

## 僕がその商品を、
## 一番好きだったからなんです。

だから、商談でその商品を説明したときに
相手は自然に説得力を感じたのだと思います。

実は、恋愛の場合も一緒。
売り込むものが、「商品」ではなく
「自分自身」になっただけ。
だから、「自分自身」を好きになったらいいんです。

先日、ある友人と話していたときに、
友人がこんなことを言っていました。

「自分のことを嫌いな人の深層意識には、

## 『誰かにしあわせにしてもらいたい』

という願いがある。
一方、自分のことを好きな人の深層意識には、

## 『自分とつきあうと、
　相手も絶対しあわせになれる』

という確信がある」


ちょっと考えてみてください。
あなたは、
「自分をしあわせにしてほしい」
と懇願してくる人と、
「自分とつきあうと、相手はめっちゃしあわせになれる」
と思っている人、
どちらとつきあっていきたいでしょうか？

断然、後者ですよね。
だから、自分を受け入れている人は、
モテるんです。

# 「自分を好きになった
　ほうがいい。
　　長くつきあうんだから」
（映画『底抜け大学教授』より）

自分を好きになるコツは、
まず、好きなことをする時間を
自分にプレゼントしてあげることです。

1日24時間。
楽しいなって思える時間が増えるほど、
モテ始めます。
まず自分の本心に、よりそってあげてくださいね。

そして、すべての自分を好きにならなくたっていいと
知ることです。

自分とつきあった人はしあわせになれるんだ！

自分のダメなところやイヤなところは、
好きになるというよりも、
「自分はこういうところがあるな」って
ありのままに受け入れ、認め、
ゆるしてあげればいいのです。

というわけで… 3秒セラピー♪

I LOVE ME!
まず自分と恋に落ちよう。

ヤ 「僕はあなたをしあわせにする自信はありません。
　でも僕がしあわせになる自信はあります」
これは映画『釣りバカ日誌』のハマちゃんのプロポーズの言葉です。
すっごい自分勝手なセリフですよね。
でも、この言葉、おれ、大好きなんです。
自分がしあわせだったら、
自分のことを好きでいてくれる相手も必ずしあわせになる。
そんな想いが込められていると思います。

よ モテるためには「○○でなければならない」、
まずはその思い込みを手放してください。
自然で無理のない、心地いい自分を表現することを大切にしてください。
人が惹かれ合うのは、ウソのないあなたの本質なのです。
自分ひとりで過ごす時間が心地よくなればなるほど
まわりとの人間関係もラクになり、
恐れからではなく、愛で人とつながることができます。

【出典】『底抜け大学教授』ジェリー・ルイス、1993年、米国

## やっぱり顔か!?

# 「なんだかんだいっても やっぱり顔」

小さいころ、母に言われた言葉です。

いろいろな人に、
パートナーとつきあったキッカケを聞いてみると、
「顔」
「フィーリング」
「タイミング」
という答えが圧倒的でした。

「顔」と答えた人、
「あなた正直やな！」って素直に思いました。

## 確かに顔は重要です。

第一印象をなにで決めるかっていったら、
性格とかなにもわからない状態では、
やっぱり顔ですもんね。

でもこれが難しい。
好みの顔って、ほんとうに人それぞれです。

かっこいい・かわいいのが好きなのか、
二重より一重まぶた、
美人よりかわいい系、
そしてそれぞれその逆。
案外、かっこいい人やきれいすぎる人は苦手っていう人も多い。
もう、バラバラです。

「顔が整っている＝モテる」という公式が成り立つなら、
モテたかったら整形すればいいけれど、

## 相手の好みの顔がわからない。

それならば、そこに悩んで時間を使っても解決しません！
そもそも、持って生まれた顔なんですから、
そのことに悩んだって仕方がありません！

「自分は顔が悪い」って、どうしても思ってしまうなら、
精一杯かっこよく見せたり、
違う部分を磨いたりしていけばいいんです。

そもそも、「自分がモテない原因が顔」
と思っている時点で、ちょっとずるい。

どんなにがんばったって、
自分の顔は、劇的には変えられませんもん。
そこを理由に「モテない」って言うのはずるい。

「ひとつが悪かったら、
　全部悪く見える」

というマイナス思考に陥っちゃってるんです。


でもね、真実はそうじゃないんですよ。

ひとつがよかったら、全部よく見える。
それが真実です。


- おれのまわりにいる、「顔がそんなによくないのにモテる人たち」を思い出してみました。
その思い出した顔が、どんな顔だったかというと、
みんながみんな笑顔なんですよ!!

ちなみに、おれのメガネには度が入っていません。
コンタクトをして、伊達メガネです。
理由は、
「メガネが似合うぅぅー!」
って、彼女に言われたから（笑）
おれの顔を見る人がほめてくれるんやったら、
おれはメガネだってかけまっせ!
顔は自分のためのものではなく、相手のものだから。
努力すべきところは努力したんだったら、
もう顔はいまのままで十分です。
あとは最高の笑顔で!

## for Women 「わたしはかわいい」

**読者セラピー**

わたしは4歳くらいから、自分のことを、
「子どもだからかわいいと言ってもらえるけど、
　わたしは女の子としては、決してかわいくない」
と思ってきました。

4歳児がそんなことを考えるのか？
と思われそうですが、考えてたんです。

容姿コンプレックスは根深く、
オシャレをすることにも抵抗がありました。
かわいい服なんて、どうせ似合わないし、と。

それがです。
ある先輩がわたしの顔を見て、ふと言いました。
「ポカリスエットのCMを見るたびに、
　誰かに似てるなぁ……と思ってたんだけど、
　あなただったのね」

当時流れていたそのCMでは、高校生の男女2人が登場し、
さわやかに歌を歌っていました。
わたしはよく男性タレントに似てると
言われることが多かったので、そのときも、
「男子高校生役は誰だっけ？」と思って聞いてました。

そこで、ポカリのCMをインターネットで検索し、
「この子ですか？」と見せたところ、
「そう、この子よ」と先輩が指したのは
なんと、女子高校生役のほうでした！

そしてその様子を見ていた他の先輩が「確かに似てるね」と。

画面に映っていたのは、女優の「綾瀬はるか」さんでした。

芸能人に似てると言われたのも初めてなら、
きれいな人に似てると言われたのも初めて。

TVや雑誌などで何度見ても
「……どこが似てるの？」
と思ってしまいます。
プロフィールを見ても、同じなのは身長くらい。

ただ、「この人の顔、好きだな」と思いました。
ほわっとした雰囲気の顔立ちで、目もとがやさしくて。

謙遜ではなく、綾瀬はるかさんと自分が似てるとは思えません。
先輩にも「ちっとも似てませんよ」と言いました。
そしたら先輩は、こう言いました。
「そっくりってわけじゃないけど、特徴が似てるじゃない。
　目もとと雰囲気。目の微妙なタレ具合と、
　ほわ〜っとした雰囲気が」

以来、綾瀬はるかさんの顔写真を日に一度は見ています。

すると不思議なことに、
いろいろな人から
「なんか変わったね」と言われ始めたのです。

「わたしはかわいい」

## 「イメージが変わった」と。

たまーーーーーにですが、
「きれいになったね」とも！

## セルフイメージが変わるって、
## スゴイことなんですね。

わたしのセルフイメージは、
4歳のころから「ブス」でした。
3ヵ月前、そこに
「綾瀬はるかさんに似てるらしい」が加わりました。
それだけで、人に与える印象まで変わるなんて。
たったそれだけで。

というわけで… 3秒セラピー♪

### あなたは、あなたが思っているとおりの人になる。

ひ　まわりがどう思うかは、
　　あなたが自分をどう思っているかに
　　ひきずられます。
　　すべては、まず「思う」ことからです。
　　「わたしはかわいい」
　　「わたしはかわいい」
　　「わたしはきゃわいい♡」

【お話】加奈さん［37歳・会社員］

# 「おじいちゃん、子どもには モテるのに……」の謎

名言セラピーのメールマガジンを通じて、
モテるーズ宛にこんなメールがよく届きます。

## 「わたし、モテます！
##  おじいちゃん、子どもに（笑）」

「ヤスさん、聞いてください。
　実はわたしもモテるんです！
　おじいちゃん、おっちゃん、動物に！」

どうも気になります。

おじいちゃん、おばあちゃん、おっちゃん、おばちゃん、
子ども、動物にはモテるのに、
かんじんの気になる人、好きな人からはモテない。
なんでやろう……。

おれは学生時代、
フィットネスクラブでアルバイトをしていました。
フロント受付です。受付なんでスタッフは女性ばかり。

彼女らはとにかくおじいちゃん、おっちゃんにモテます。

差し入れのお菓子とかはしょっちゅうもらってましたし、
誕生日には花束やプレゼントをもらい、
豪華な食事にも招待されていました。

でも彼女たちは、みんな言うんです。

「おじいちゃん、おっちゃんにはモテるんやけどなぁ〜」

そう。
やっぱり彼女たちも、
同年代、かっこいい男の人、気になる人からはモテない。

いろいろ考えてみると原因がわかりました。
彼女たちは、おじいちゃん、おっちゃんには、

## 「素」で対応するんです。

かわいく見せようとか、いいところを見せようとか、
全然思っていない。

ところが、かっこいい男の人や同年代の男性が来ると、
緊張のせいか、対応がめっちゃ素っ気ないんですよ。
で、あとから女の子同士で
「さっきのあの人、カッコよかったよねー！」
って、盛り上がる。

おじいちゃんには、世間話なんかも自分たちからふります。
「最近見なかったけど、元気でした？
　わたしのこと忘れていませんでした？」
そんな会話も恥ずかしがることなくできる。
しかも、おたがい笑い合いながら。
おじいちゃん、おっちゃんには、
自分をよく見せようとしたりはしません。
そのままの、素の自分です。

だからおじいちゃん、おっちゃんには好かれる、モテる。

見た目をかわいく or かっこよく見せようとするのは
いいと思います。
女性ならしっかりメイクもして。

でも、心までよく見せようとか、かわいく見せようとすると、
ダメみたいですね。

 3秒セラピー♪

飾るのは外見だけ。
心はスッピンで！

ひ　そうか。恋愛の基本は、噛みついたら離さないってことなんだな。
ヤ　ひすいさん、それはスッポンです。

# ほんとに、ありのままの自分でいいの?

for M&W

ヤス

こんな質問をいただきました。

「いま僕は高校生です。
やっぱり好きな子とつきあいたくて
あの子に好かれようとして
かっこよくなろうと、
オシャレして、
いろいろがんばってるんですが、
どうもヤスさんのお話を聞いていると、
なにもせず、そのままが一番いいんじゃないかなって
思えるときもあります。
どうなんでしょうか?」


ではここで、
お魚の話をしましょうか。

なんで魚?
と思わず、気楽に聞いてください。

お魚は、煮ても焼いても蒸してもウマイ。
でも、お刺身もかなりウマイ。

## お刺身って、生のまんまだけど、「そのまま」だと思います?

とんでもない！

お刺身は、調理前にきちんといろいろと処理をして、
鮮度が落ちないように温度設定に気を配り、
細心の注意で保管し、
職人さんの長年の努力にわたる包丁さばきで、
一番ベストの大きさ、太さできれいに切られて、
そして、できあがります。

見た目はそのまま。
でも、その裏にはいろんな努力、背景、
「美味しく食べてもらいたい！」
っていう熱意、思いが隠れています。

「素材のよさを最大限に引き出すこと。それが料理だ」
と、『美味しんぼ』の海原雄山も言っていましたしね。

# そのままでいいって、そういうことじゃないでしょうか。

ほんとに、ありのままの自分でいいの？

だから、
かっこよくなろうとしたり、
おしゃれになろうとしたり、
自分ができることを精一杯努力して、
自分らしさを最大限に引き出す。

それが、
「そのままでいい」
です。

というわけで… 3秒セラピー♪

誰かのようになるのではなく、
自分史上最高の自分になろう。

- ヤ 「花に水、人に愛、料理は心や！」
  by 神田川俊郎
- よ 女性でもたまにいます。
  「ありのままのわたしを受け入れてくれるべきなのに！」
  って憤っている人。その「愛されて当然！」という心のおごりが
  2人の間に距離をつくっているのかもしれません。
  ありのままの魅力を引き出すために、できることはなんでもしてみましょう。
  外見はいくらでも変えることができますよね。
  わたしは「彼が喜んでくれるなら」と、
  持っていた服を総入れ替えしたこともあります（笑）
  そんなことで愛が深まるなら、「自分の好み」なんてどうでもいい。
  モテる女性って、自分の軸や大切な価値観はしっかり持ちながらも、
  すごく柔軟です。
  男性からリクエストがあったら、ぜひかなえてあげてください。

【出典】『美味しんぼ』雁屋哲（小学館）

## 「もうモテなくていい」と思うと、モテ始めるの法則

**読者セラピー**

これは、男女両方に通じる法則だと思ってます。

かつて僕は「モテる男になってやる！」と心に誓って、
モテる「はず」のファッションや行動を
必死になって追い求めていました。
そうしたら、ナント！！

まったくモテませんでした（T_T）

むしろ、以前よりもモテなくなってしまったんです。
好きだった女の子にもあっけなくフラれて、
凹みまくりでした。
あまりに凹んだので、僕は開き直りました。

## 「もうモテなくてもいいや。おれの好きなことだけやろうっと♪」

そう思ったら、
もう流行も追わず、
女の子も追わず、
そのかわり、海や川に銛（もり）を持って潜って、
サカナばかり追いかけていました。
原始的なDNAを刺激し、遊んで暮らしていました。

そうやってみたら、いままで全身に絡まっていた細い鎖を
すべて解き放ったような快感を覚えました。
一皮むけた感じ。

## 遊べ。遊べ。
## 自由に。楽しく。

モテる男でなくていい。
自分のままでいい。
そうやって生きていたら……。

いきなりモテ始めたんです。

ある日、ちょっと素敵な女性に、
「女の子とサカナとどっちが大事なの?」
と聞かれました。
「正直、いまは卵を抱いたメスのサカナかな♪」
と答えて、いっそう自由気ままにしていたら、
さらにモテていくのです。

僕の顔を見ると、サカナたちはサッと逃げるのに、
女の子は次々に寄ってくるんです。
なんでだろう……?

水中マスクと足ヒレをつけて、
サカナのオシリを追いかけながら、僕は考えました。

そして、思い至りました。

自分らしくない生き方をしている
＝モテ男、モテ女を演じている
＝どこかでボロが出ている
＝背伸びした小さい人に見える
**＝モテない**

自分らしく楽しんで生きている
＝素の自分を出している
＝ゆったりしているので器が大きく見える
＝相手は安心し、頼りたくなる
**＝モテる**

自分の価値観で生きる。
魅力って、そこから生まれるものなのかもしれません。

という わけで… ３秒セラピー♪

他人の土俵で背伸びしていると、
モテない。
自分の土俵で楽しんでいると、
モテる。

ひ　しかし、まさか魚を追っていたらモテだすとは驚きだね。
ヤ　ギョ！
ひ　おいおい。先に言うなよー。

【お話】Ｍちゃん［38歳・自由業］

## 恋の方程式
## 「お金×時間＝自分らしさ」

画家であり教育者の、
はせくらみゆきさんから教わったのですが、
「お金の本質」というのは、「自分らしさ」なのだそう。
だから、自分らしさを発揮すればするほど、
お金はちゃんとついてくる。

実は恋愛も全く一緒です。
自分らしく生きると、モテ始めます。

かつては、女性と目と目を合わせられなかった僕が、
いまやモテないように、
細心の注意を払う必要があるくらいになりましたから（笑）
モテないように、いまはもう24時間オーラを消しています。
最初からオーラがないんじゃないかという説も、
巷にはあるようですが、正解です（笑）

僕の場合は、人生が変わったのは、
もちろん初めての本『3秒でハッピーになる名言セラピー』の
おかげ。
つまり、自分の表現を始めるようになってからです。

では、「自分らしさ」はどこにあるのか？
それは、次の2つの問いのなかに隠れています。

## 「あなたがいままでで
　　一番お金を使ったことはなにか？」

## 「あなたがいままでで
　一番時間を使ったことはなにか?」

この2つを追求するのが、
ひすいこたろうがオススメしたいモテ論です。

**「自分らしさ」（自分の強み）**
**＝「これまで一番お金をかけたこと」（好きなもの）**
　　　　　　　　　　×
　**「これまで一番時間をかけたこと」**
　**（ご縁が深いもの。必ずしも好きとは限らない）**

あなたがほんとうにやりたいこと、大好きなことは
お金をかけたものにすでに現れているし、
あなたとご縁が深いものは時間をかけたものに現れています。

そして、お金をかけたもの、時間をかけたもの、
その「本質」を考えてみることが大事です。

たとえば、僕が一番お金を使ったことは、
本代やセミナーへの参加費用。
本もセミナーも何を学んでいたのかというと、
カウンセラーの資格をとるなど、
その本質は、「心のことを学ぶこと」でした。

一番時間を使ったことは「営業マン」「コピーライターの仕事」。
その本質は、「伝えること」です。

恋の方程式「お金×時間=自分らしさ」

「この2つが僕らしさの方向性を
　示しているとしたら、僕はなにをしたいのだろう？」
この問いを持つことから出発しました。

まずは本や講演会で学んだ心の世界のことを書いて、
インターネットで発信しよう。
そうして始めたのが「名言セラピー」というブログでした。

「カウンセラー」（お金をかけたもの）
×「コピーライター」（時間をかけたもの）
＝「名言セラピー」
です。

というわけで… 3秒セラピー♪

「自分らしさ」とは「自分の強み」。
強みの上にすべてを築こう。

ひ　『ゲゲゲの鬼太郎』の作者・水木しげるさんは、好きの探し方のコツとして、
　　「ベビイ（子供）のころを思い出してみなさい。
　　無我夢中で遊びや趣味に没頭したころを思い浮かべてみるのです」
　　と言っています。
　　僕もベビイ（小学生）のころを思い出してみると、
　　『週刊少年ジャンプ』が大好きで、
　　名場面を切り抜いてノートに貼り付けていたんです。
　　そうです。ベビイ（小学生）のころに夢中になっていたことの本質は、「編集」。
　　やってることは作家になったいまも一緒なんですね。

## 愛される女の共通点〈その1〉

わたしは、いたって平均的な日本人だし、
モデルみたいなスタイルでもありません。
でも、モテます。

女性が、絶対に必要なモテポイントとは……

## 「素直さ」と「甘え上手」。

素直さは、モテだけじゃなくて
人生においても大事なことですよね。
いいことを教わっても、素直じゃないと実行できない。

「ありがとう」
「ごめんなさい」
「うれしい」
「楽しいね」
「おいしいね」
を、すぐに言えるのが素直な人。

「一緒にいてすごく楽しい」
ということを、
素直に相手に伝えることができる人。

そんな人は、モテます。

また、「好きだからこそ迷惑になりたくなくて」
という甘え下手な人っていますよね。

でも、ちょっと待ってください。
甘えられるって、
男性にとって最高にうれしいことなんです。

## 甘えられる＝頼られている。

頼られている、つまりそこには存在する喜びがあります。
男性が一番喜ぶこと、
それは恋人の喜ぶ姿なんですから。

甘えるのが下手な人は、
長男・長女気質の「しっかりさん」が多いようです。
まわりを頼ると迷惑がかかるかもしれない……
そんな思いにとらわれて甘えられない。
自分ひとりでがんばろうとする。
でも、人は、必ず誰かに支えられ、誰かと協力し合わないと
生きていけない。まさに仕事はそうですよね。

だから上手に甘えたり、頼ったり、頼られたりできるといい。
勇気を出して小さなことから甘えてみましょう。
自分から手をつなぐとか、電車でつかまる腕を借りたり、
なにかをとってもらったり。
自分にできないことで、相手ができることを頼んでみるとか。

逆に相手が「なにか手を貸そうか？」と言ってきてくれたら、
しっかりその後に甘えてください。

愛され上手は、受け取り上手です。

上手に甘え合うこと、
それは大人だからこそ経験できる愛の醍醐味です。

「甘えてくれてありがとう！」
これが男性の気持ちです。

- ヤ 「荷物持つよ」って言って、
  「ううん、自分で持つ」と返されると、
  とても悲しいんですね。さびしい。
  ちょっとは男にいいかっこうさせてあげてな。
- ひ おたがいに甘え合って生きていけたら、
  それこそ最高のしあわせだよね。

#  愛される女の共通点〈その2〉

よう子

たくさんの恋愛相談を受けてきて、
なかなか恋人ができない人に共通していたのは、
「恋愛のいいところだけを欲しがっている」
ということでした。

口では「恋したい、彼が欲しい〜」と言いながら、

**「でも、こまめに連絡するのは面倒くさい」**
**「でも、自分のやり方を変えるのはイヤ」**
**「でも、ひとりの時間も絶対欲しい」**

## その裏側に、「でも」が潜んでいます。

要するに、
「恋愛したいけど、恋愛したくない。面倒くさいのはイヤ」
と思っていて、心が矛盾しているのです。
「お金は欲しい。でも、税金は払いたくない」に似ています(笑)
ひとりのほうがわずらわしいことがなくてラクだ、と
心の奥では思っている。

恋愛することは、とてもエネルギーがいります。
大人になればなるほどそうでしょう。
心地よくひとりで過ごすことに慣れていると、
2人のペースを、1からつくることは
気が進まないかもしれません。

連絡し合うこと、会う時間をつくること……、
ときには相手に合わせないといけないこともあるだろうし、

相手の家族との関係も出てくるものです。
すれ違って悲しい思いをすることもあるかもしれない。

愛されるというしあわせだけを欲しがり、
その他は面倒くさいと思っていたら、
当たり前だけど、恋愛が始まっても続きません。
さまざまなことのすべてをひっくるめて、
「愛する覚悟」がいるのです。


恋愛は楽しいけれど、
決してラクばかりではない。
日々相手を思いやることを繰り返し、
おたがいの心を育てていくものだから。

2人にしかつくれない物語を、毎日更新していく。
そこには楽しさを超えた喜びがある。
さあ、覚悟を持って愛しに行こう。

よ　愛される女性は、恋愛のすべてを引き受ける覚悟をもって、
　　自分から愛しに行く人。
　　面倒くさいこともすべて楽しんでしまえばいい。
　　まずは心のなかで対立している矛盾に気づいて、解いてくださいね。
　　その結果「いまは恋愛したくない」なら、それでかまわないんですから。

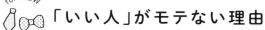

# 「いい人」がモテない理由

読者セラピー

「いい人」は、なぜかモテません。
身のまわりの人で考えてみてください。
「いい人」と言われる人って、
モテない人が多くはないでしょうか？

もちろん、「いい」部分がないとダメですけど、
「いい人なんだけどね……」
でなぜか終わりになってしまうんです。

なぜなんでしょう？　ずっと気になっていたんです。

でも、わかったんです。
それは……

## 認めてないんです。
## まるごとの自分を。

おなかのなかには、ビフィズス菌などの善玉菌と、
悪玉菌がいます。
でも実は、善玉菌だけでは、おなかのバランスはとれない。
微生物研究をしているある学者さんが、
微生物の黄金バランスというものを発表されていました。
それによると、

・良い菌が30％
・中性菌が60％
・悪い菌が10％

## 30：60：10
## これが体内を健康に維持する
## 黄金バランスだというのです。

良い菌が30％のときに、中性菌は、良い菌の味方をする。
これで良いと悪いの比率が90：10ぐらいになり、
腸のなかを良い状態に保つことができます。
良い菌が多すぎても、悪い菌が多すぎてもダメ。
つまり、善も悪もあって初めて生かされている。

「いい人」たちは、自分の持っているなんらかの部分を、
「悪い」と切り捨ててゼロにし、相手に見せないようにしている。

自分の半分しか見せてないから、
相手に響かないんです。

「悪い」と切り捨てた部分も、自分の大切な一部。
否定しなくていい。

- 読 自分の一部を切り捨てたとき、ただの「いい人」になってしまう。
  隠したところを含めた、まるごとのありのままの自分こそ、
  ほんとうの魅力になります。
- よ 切り捨てたくなるところこそ、人間味あふれていて
  魅力の原石と言ってもいいところです。
  わたしは人のそういうところこそ、気になって知りたくなります（笑）

【お話】めいめい［36歳・ダンサー］

## ルックスに自信のない人に朗報！

ヤス

先日、イケメンと2人っきりで飲みに行ってきました。
女性なら、もうメチャクチャうれしくなるような
かっこいい人。
しかも頭もよくて、できるビジネスマンくん。

並んで歩いてるとき、
思わず腕を組みそうになるくらい！
（してませんけどね・笑）

この飲み会を前々から楽しみにしていました。
どんな話が聞けるんだろうと、ワクワク。

ところが、乾杯が終わり、数秒で感じました。

## 「あー！　こりゃアカンわ！」

どうしてでしょう？
遊び人？　食べ方が汚い？　足がくさい？（笑）

違うんです。

まず席に着くなり、

## 「ちょっとヤスさん聞いてくださいよ〜」

いきなりグチから始まり、最後までグチと自慢話でした。
9対1くらいの割合で相手が話していました。

彼は頭がいいんで、
おれにはわからない単語がいっぱい出てきました。

で、ちょっとおれが話すと真っ向から否定してきます。
「いや、それは違うよ。おれが思うのはね……」

それで最後に、
「今日はほんま楽しかったわ！　また行こうな！」

## って……行けんわっ!!

聞いてみたら、やっぱりでした。
このイケメンくん、この3年間、彼女がいないそうです。

実はですね、
イケメンくんや美人さんは大変なんです。

まず、見た目でまわりからの評価のハードルが上がります。

これは、必ずです！
必ずまわりのハードルは上がります。

人は、どうしても最初は見た目から入るから、
イケメンくんや美人さんは、
第一印象がかなりいいんです。

ルックスに自信のない人に朗報！

だからかなり努力しないと、
第一印象がいいだけに、
すぐに評価がグングン下がっていきます。

## ふつうの人はしていいことも、
## イケメンくんや美人さんがやっちゃうと、
## 印象が悪くなることが多い。

「おれがメチャクチャかっこよかったら、
　ここまでモテてへんやろうなぁ」
と、ひとりベッドのなかで考えるときがあります（笑）

かっこよくなくてよかったな！（笑）

- ヤ　よかったですね、ひすいさん！
- ひ　よかないッ！

## for Men マザコンはモテる?

ヤス

おれはつきあってきた女の子らによく
「マザコンだね」
って言われてました。
母親とベッタリいつもくっついてる感じとは
違うんですが、
やっぱりおれは、自分でもマザコンだと思います。

## マザコン。
## 実は、それがモテる秘訣なんです。

うちの母親は昔、おれにこんなことを言いました。

「わたしがあなたを認めないで誰が認めてあげるん。
 わたしはヤスがなにをしてても、
 どんな仕事をしてても、
 ヤスががんばってるんなら、
 誰よりもあんたをほめるわ。
 フリーターでもええで。
 がんばってるんなら仕事なんてなんでもええ。
 でもな、自分に言い訳は、絶対にしたらあかんよ。
 自分が精一杯やって、
 それが失敗したんなら、それはいいねん。
 中途半端なことやって、失敗したんやったらそら怒るよ。
 やるならなんでも一生懸命やりなさい。
 それがどんなことでも」

おれが小さいころ、
母親はまわりに「過保護すぎる」と言われていたそうです。
でも、自分の子どもは、自分で守る。
そう決めてたんですって。

「まわりがなんと言っても、
　まわりは責任をとってくれないから。
　いくら過保護と思われても、
　わたしはこの子になにかあって、後悔したくないから。
　わたしのできる限りのことを全部この子にやってあげる」

これはおれの母親の話ですが、
別におれだけが特別なわけじゃなくて、
世の中のお母さんは子どもに対して、みな同じ気持ちでしょう。

子どもが病気だったら、自分が代わってあげたいと思うし、
子どもにつらいことがあれば、なんとしてでも助けてあげたい。
自分を犠牲にしてでも、子どもをとことん守りたい。
それが親なんです。

親になったいまならわかるんですけどね。
そんな親の気持ちがわからない当時のおれは、
母親の気持ちに「あぁ、勝てんわ」って思った。
そして気づいたんです。
大きすぎる愛情に。

この人にとことん愛されて、
いまのおれができあがった。

## この人の愛をすべて受けとめよう。
## ちゃんと愛を感じよう。

母親はすべてを犠牲にしても、
絶対おれを守るだろう。
おれは母親になにをしてあげてきた？
ちゃんとこたえられているんだろうか？

おれができるのは、
しっかりと愛情を受けとめることだ。
恥ずかしいけど、ちゃんと愛にこたえよう。

口に出して、おたがいにそんなことは言いませんが。
こんなふうに、母ちゃんの愛にこたえようって思ったら、

## 急にモテだしたんです。

おれが女性に好かれやすいのは、

## 女性に愛され"慣れ"ているからなんです。

きっと。

マザコンはモテる?

女性からの愛情へのこたえ方を、
ずーっと母親から鍛えられてきた。
おれは母親からずっと愛を注がれ続けてきたのですから。

それに気づいたとき、おれの人生は変わりました。

目の前にいたらなかなか言えないけど、
ほんまに心のなかでは思ってるで。

# 「お母さん、めっちゃありがとうな!」

 3秒セラピー♪

自分に一番近い大事な女性を
大切にしないやつなんて、
他の女性に好かれるわけがありません。

よ 親はあなたが大人になった時点で、
すでに20年も愛情を注いでくれています。
この一番大きな愛に気づかずして、
人をほんとうに愛することなんて、できるんでしょうか。
まわりを見渡してみても、
しあわせにモテる人って、やっぱり親を大切にしています。

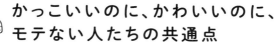
# かっこいいのに、かわいいのに、モテない人たちの共通点

ひすい

恋愛を研究するにあたり、

「かわいいのになぜかモテない、恋愛が長続きしない女性」
「かっこいいのにモテない男性」を、
いろいろと取材させてもらいました。

かわいいのに、なぜか何年間も彼氏がいない女性。
かっこいいのに、すぐに彼女にフラれてしまう男性。
恋愛が長続きしないという人たちを観察していくとですね、
次の共通点が見えてきたんです。

♥ **なぜか名前が嫌い**
♥ **女性ならお父さんが嫌い**
♥ **男性ならお母さんが嫌い**

では、なぜこの3つがからむと
恋愛がうまくいきにくいのか。

## 親との関係のなかで「恋愛の雛形」ができていくからです。

たとえば、好きになってつきあっても
彼氏とつい距離を置いてしまって
なかなか甘えられないという女性が、
実は父親との関係も、
距離を置くことで保ってきたということがわかりました。

そうして取材していくうちに見えてきたのは、
自分の名前が嫌いな人は、
たいがい自分の親も好きじゃないということ。

親を受け入れていない人は、
自分を受け入れていないんです。

子どもが生まれて、自分が親になってみて、
初めてわかったことがあります。

それは、親はぜんぜん完璧ではないということです。
親だってイライラするし、悩むときだってあるし、
落ち込んでるときだって多々ある。
親は、パーフェクトじゃない。

でも、自分がこの世界に生まれる縁をつくってくれたのは、
まぎれもなく、両親なんですよね。

あなたがこの世で起こすことのできない奇跡が、
たったひとつだけあります。

**それは、
あなたが生まれてきたことです。**

**あなたが生まれてきたことは、
あなたの両親が起こした奇跡なんです。**

もしあなたが、親に対してわだかまりがあるにしても、
この1点の奇跡だけでも、
親に感謝するに値します。

だから、お父さんありがとう。
お母さんありがとう。

親が亡くなっている方も大丈夫です。
「ありがとう」は、ちゃんと天国にも届くから。

「産んでくれてありがとう」
と親に感謝することができたとき、
僕らは自分の存在を
まるごと受け入れることができる。

両親とつながることで、
その先の全ご先祖さまたちともつながることができるのです。
そのとき、人生が一瞬で変わります。

ヤスが母親の愛情に気づき、受けとめたときから
劇的にモテ始めたように。

## 「父母もその父母もわが身なり。
   我を愛せよ我を敬せよ」
by 二宮尊徳

人生で一番最初にもらう
最大のプレゼントは「名前」です。
あなたの名前は両親の祈り。

自分の名前を受け入れ、好きになったときに、
新しい「モテLIFE」が始まります。

というわけで…　3秒セラピー♪

## 産んでくれてありがとう。

ひ　それがどんなものであれ、
　　自分のヒストリーを受容できたときに
　　未来からすっごいギフトが届くのです。
　　とはいえ、いろんな親がいますから、
　　親をゆるせないっていう人もいて当然です。
　　そんなときは、親をゆるしたくない自分を、まずはゆるしてあげてください。
　　あなたはあなたのタイミングがありますから、
　　それを信頼して大丈夫です。

　　なんで、そんなに強くゆるせないって思うのか？
　　それは、ほんとうは親のことが大好きだったからです。
　　まずは、ほんとうは好きだったというあなたの気持ちに
　　よりそってあげてくださいね。
　　好きじゃないと、そこまで恨むことはできませんから。
　　ゆるせない思いの裏側にも、また愛があります。

## for Women 恋愛嗅覚

よう子

この恋はすぐ実るか？
実りそうにないか？
それを見極める感覚を「恋愛嗅覚」といいます。
いまわたしがつくった造語です（笑）

この嗅覚を発達させると、
自分を守れるようになります。
なぜモテ続けることができるのか……それは……、

## うまくいきそうにない相手、いまはこちらに興味がなさそうな相手に、果敢にチャレンジしないから（笑）

わたしはすぐわかるんです。
「ああ、この人とはすぐ恋人になれそう、楽しそうだな」
「この人はわたしのこと、タイプじゃなさそうだな。
　なんか感覚が違うな」
「この人とは恋人になれそうだけど、
　友だちでいたほうがしあわせかも」

## 最初から、「恋愛嗅覚」でうまくいきそうな相手だけを選んでいくことです。

たとえば、いまは相手に彼女がいたり、
自分に興味がなさそうでも、もちろん今後はわかりません。
そういう人のことは、つかず離れず、適度な距離で見守ります。

恋愛嗅覚

フラれたわけじゃないのだから、
まずは信頼できる友だちとしてのポジションを狙えばいい(笑)

そして頭をその人だけでいっぱいにせず、
他の人とどんどんデートしてください。
まわりを見ることで、
「自分にはどんな人が合うのか」という感覚が
どんどんきたえられてクリアになっていきます。

この「恋愛嗅覚」を発達させるには
次の3つが大切です。

♥ なにはともあれ、まずは経験。人に興味を持つこと
♥ 男の人が好きで、肯定的なイメージを持っていて、
　 よく観察できる
♥ 自分の心の声をきちんと聞ける
　 ＝自分に信頼感がある

なかでも、
「♥ 自分に信頼感がある」というのが最も大切です。
これはつまり、

## どれだけ自分のことを好きか、 「わたしには価値がある」と、 思えているかどうか、

ということです。

この部分がグラグラしていたら、
自分の素直な感覚を信じられません。
「この人とはなんか合わない気がする」と感じていても、
頭で「でもいい会社勤めてるし」と納得させようとしたりして、
心の声を無視する。

相手の一挙一動が気になり、
少しでも愛を感じられないような対応をされると、
「わたしなにかしたかな？　原因は自分じゃないかな？」
と感じてつらくなってしまう。

相手は仕事でちょっと嫌なことがあっただけなのかもしれない。
でもそれをあなたに話したくないだけかもしれない。
それでも「いつもと違う」と感じた理由を
すぐに自分と結びつけてしまうのです。

さらに自分のことが嫌いだと、
好きだと言ってくれる人が現れても
「え、こんなわたしのどこを……？」と
相手の思いも愛も信じられなくなってしまいます。


**あなたの価値は、
誰かに愛されることで
満タンになるというものではありません。
最初から満タンなのです。**

あなたの価値は、
誰に愛されても、愛されなくても、仕事でミスしても、
仕事をしていなくても、なにが起ころうと、
1ミリたりとも変わらない。
まずはそのことを「知って」ください。

 3秒セラピー♪

恋愛は人生の「オプション」。
恋をしても、しなくても、恋を失っても、
あなたの価値は変わらない。

よ 恋愛がうまくいっているときだけがしあわせだなんて、
大変な人生です（笑）
自分の価値を、「自分ではない誰か」の反応や判断に任せないでください。
その軸をしっかり自分のなかに育てない限り、
一生恋愛に振り回されます。
自分で自分の価値を認めて、大切にしてくださいね。
そうすれば、心の声をしっかり受けとめることができます。

# ケチな人にも、fall in love!

割り勘のときに、お金の端数を持ち合わせていなくて、
「あ、ごめん。
 あとで払うから出しておいてもらっていいかな？」
ってケース、ありますよね。
それで、その相手がそのまま忘れて、
お金を払ってもらえなかったことって、あると思います。

「この本、貸して」って言われて、
本が戻ってこないことも、よくありますよね。

そういうのって、誰しもイヤだと思うのですが……、

僕はすごくイヤだったんです。

「あとでお金を払うから出しておいて」なんて言われて、
忘れられた日には、
僕はその人を軽く憎んじゃってましたからね（笑）

「なんで僕はケチな人がこんなにも嫌いなんだろう」
って思っていたら……
ある日、気がつきました。

## そうか、
## おれがケチな男だったからだ！（笑）

ケチな人にも、fall in love!

「うわ！　おれがケチだったから、
　ケチな人が嫌いだったんだ」
って気づいてからは、
ケチな人を、
「あ、昔のおれね」
って、かわいく思えるようになりました（笑）

というわけで…　3秒セラピー♪

「あなたが受け入れているものは味方となり、
　　拒否しているものが敵となる」
　　　　by 津留晃一

ひ　この世界は自分の鏡。
　　自分を受け入れた分だけ、ゆるせる人、愛せる人が増えるってことです。
　　いまの僕なら、ケチな人ともfall in love!
　　恋に落ちることができると思います（笑）
ヤ　確かにそうなんです。
　　たとえば、自分の笑顔に自信を持ってる人は、
　　「その笑顔がスキ」って思う人からモテるんです。
　　要は自分自身が自信を持ってるところ、受け入れてるところが
　　相手にとっての魅力になるんです。

【出典】『多くの人が、この本で変わった』津留晃一（英光舎）

## CHAPTER 4

# 愛の熟成タイム編

パートナーと、いま以上にラブラブに！
［モテ持続力養成コース］

> 女は深く見る。
> 男は遠くを見る。
>
> ——グラッベ（ドイツの劇作家）

 春の予感

ひすい

モテませんでした。
高校時代は女性と話した記憶がほとんどありません。
授業中にエンピツを落として、それを拾ってくれた子に
「ありがとう」と伝えたくらい。
恥ずかしくて話せませんでしたから。

バレンタインの日、
僕はいつもどおり真っすぐ家に帰りました。

ピンポーン♪

チャイムが鳴りました。
玄関に出ると、かわいい女性が立っていました。
え？　おれ、実はモテてた？
毛糸でつくったサッカーボールのクッションとチョコレート。

## 「これ、弟さんに渡してください」

そのクッションを家のなかでひとりで蹴っていた
バレンタインデー（笑）
サッカー部キャプテンだった弟はモテました。
野球部2軍だった僕はまったくモテませんでした。

大学に入り、野球のサークルに入った僕は、
3回行っただけで辞めました。

暗かった僕は、
明るいサークルの人間関係になじめなかったのです。

友だちも、谷本くん、一杉くん、山本くんの
3人しかいませんでした。
あまり学校に行かなかった僕に、
無尽蔵にあったのは、時間。

当時八王子に住んでいた僕は、
ある日、あまりに暇で、目的もなく中央線に乗り、
山梨方面へ適当に数駅行き、降りて、
小さな湖の前でしばらくぼーっとしていました。

このとき、涙がこぼれそうなくらい、
孤独感におしつぶされそうになったのを
はっきり覚えています。
なんだか出口のない漆黒の闇に閉ざされたような孤独。
その日の夜、「このままでは死にたくない」って
ずっとノートに書き綴りました。

でも、いまならわかります。

## この孤独感が、
## 僕の言葉を熟成し、育ててくれたんだと。

当時、言葉だけが僕の救いでした。
孤独だったからこそ、
読んでいた本の言葉のひとつひとつが
砂漠に水がしみ込むように
深く心にしみ渡っていきました。

僕の言葉の感性を育ててくれたのは、
まぎれもなく、あの孤独感です。

作家のよしもとばななさんは、
あるインタビューで、
「2月が一番好き」
と答えていました。
2月といえば、1年で一番寒く、厳しい時期です。
でも、そのなかにこそ
「"春の予感"が充満してるから」
と、ばななさんは言っていました。

孤独と向き合うこともまた、
大切な生きる意味だと思います。
長い冬のような季節が、あなたの春の予感を育てているのです。

実は、結婚して子どもも生まれ、
とてもしあわせだといえるいまも、
この孤独感は完全に消えたわけではありません。
というか永遠に消えない気がします。

やっぱり、人間はひとりなんでしょうね。

どこまで行っても、やっぱり究極はひとり。
生まれてくるときもひとり。
死ぬときも、あの世へ行くのはひとり。

人間は、どこまで行っても、
やっぱりひとりなんだと思います。

だからこそ、

**2人で一緒にいる時間は、
一瞬の光のような、
特別な時間なんだと思います。**

「人は誰でもひとりで生まれひとりで星になる。
ひとりひとりのつかの間の命だからこそ
穏やかに温めあおう」
by 山川啓介（作詞家）

ひ 僕の友人はこんなことを言ってました。
「死ぬときに思い出すのは勲章のような恋の数じゃなくて、
あの日、あのときの、あの人のうれしそうな瞬間なんじゃないかな。
そういう光のコラージュみたいなもの。
それが人生の瞬間瞬間を生きた証かな」

【出典】『心配しないほうがうまくいく』金盛浦子（大和出版）

## つきあってから意識すること

よう子

わたしがつきあってから意識していること。それは、

- **よくほめる**
  **（とくに相手が大事にしている価値観や、仕事に対する姿勢そのものをほめる）**
- **「ありがとう」をたくさん伝える**
- **期待しない**

長くつきあっていくためには、
愛情の上に「信頼」を育てていくことが大切です。
この3つを意識すれば、さらに2人の関係が深まります！

長く一緒にいても、スーツを着た彼を見たら
「あら♪イケメンがいる〜！　やっぱりスーツ姿は素敵だね」
とほめたり、
「仕事をいつもがんばってくれてありがとう」と
メールでも口でも伝えます。
してくれたことは何であれ「ありがとう」を伝えるチャンス。
逃しません（笑）

「ありがとう」は伝染するのか、
彼もバスタオルを置いておくだけで、
お風呂上がりに「タオルありがとう」と言ってくれます。

日常で、おたがいがそばにいることへの感謝を忘れなければ、
小さなことは「ま、いっか」と流せるものです。
気持ちに余裕がなくなると、きっかけは小さなことでも
大ゲンカに発展してしまったりしますよね。

だからこのベースとなる空気感をしっかりつくっていくこと。
そうすると、相手に対する期待も手放せるようになります。

つきあいが長くなってくると、
「してもらって当然」という期待が大きくなるんです。

わたしたちはなぜ怒るかというと、
相手の反応が、自分の期待したものと違うから。
期待を手放してしまえば、怒りは生まれません。
「わたしが落ち込んでいるときは慰めてくれるはず」
といった期待を手放す。

男性はパートナーのことまで
気がまわらないときもあるんです。

## 女性と男性は、人生における「恋愛重視度」が違うから。

**「男にとって愛は生活の一部だが、
女にとってはその全部である」**
by バイロン


女性は恋愛が一番になりがちだけど、
男性のメインは仕事です。

どんなにあなたが素敵な彼女や妻だとしても、
男性は社会のなかでの役割、居場所を見つけるまでは、
なかなかほんとうの幸福感を得ることができない。

だから、男性はいつだってほめられたいし、
認めてもらいたいと思っていることを、
知っておいてください。

仕事で大変な思いをしているなら、
なおさら女性の前ではかっこよくいたいと思っている。

## 男性が一番ほしいのは「自信」です。

とくに、彼が仕事をするうえで大切にしている価値観や、
仕事に対する姿勢を、何度でもほめてください。
「あなたのそういうところが、ほんとうにすごいと思う。
　なかなかできる人はいないよ」
「あなたのそういうところが大好きだよ」と。

彼が意識してがんばっているところや、
本質的な魅力をどんどんほめましょう。
これでもかってくらい（笑）

ほめて、先に自分から愛を送ることで、
結果として相手から何倍も返ってくる。

相手から返ってくるもの、
それは、「愛されている」という感覚です。

それは、あなたが彼を認めているからです。
彼に「自分はいい男だ」という自信を持たせてあげたからです。

そして男性は、
そう思わせてくれる女性のそばにいたがります。

「男性は作品をつくる。
しかし女性は男性をつくる」
by ロマン・ロラン

- よ　いい男はあなたがつくるのです(笑)
- ひ　「女性が男性をつくり、男性が社会をつくり、
　　社会が子どもをつくる」ともいわれます。
　　始まりは女性。
　　確かに、「始」という字は、女が土台と書きますからね。
　　左足を出して、次は逆の右足を出して、前に1歩進むように、
　　社会も女性と男性で愛を循環させることで
　　1歩前に進んでいくんだと思います。

for M&W

# 恋人同士の会話に無駄はなし

**読者セラピー**

わたしの夫は、夏場は水分をとっても必要とします。
なので、前の晩に、
「明日はなに飲む？」
って聞くのが、わたしの日課になります。
健康茶、ウーロン茶、麦茶、ミネラルウォーター、
レモン水などなど。

けれども、「なににする～？」と聞くと、
「いつもの（健康茶）」という答えがしばらく続いたので、
夫に「いつも同じのでいいなら聞かないよ」と
言ったんです。
すると、夫はこう言いました。

## 「聞いてくれるのがうれしいのに……」

それを言われたわたしが、うれしくなりました。
夫を気にかけていることが、ちゃんと伝わっている。
これって、しあわせですね。

 というわけで… 3秒セラピー♪

恋人同士の会話に、
無駄なものはなにひとつない。

ヤ これ、おれの大好きな言葉です。

【お話】みさっちゃん［40歳・主婦］

# 素敵なパートナーのつくり方

たとえば、あなたがいま、カレーを食べているとします。
そのカレーを一瞬でもっと美味しくする方法があるのです。

どんな方法だと思います？

作家の宇野千代さんは、著書のなかで
食べ物をより美味しくいただく方法として
このように書いています。

それは……

## 「うまいなぁ」と口に出してみること。

すると、いっそう美味しく感じられるのです。
「うまいなぁ」と言葉にすると、
それだけでも、さらにうまい気がしてきます。
ぜひ、試してみてください。

でね、これは次のように応用します。
たとえば、
あなたの彼女があまりかわいくないとしましょう。

でも、

## 「おまえ、かわいいなぁ」

と、声に出して言い続けると、

素敵なパートナーのつくり方

だんだん、
自分でもそんな気がしてきます。

さらに、「かわいいなぁ」と言われた彼女は
ホルモンが出てきて、
ほんとうにかわいくなってくるのです。

彼女であれば、ぜひ彼に、
「かっこいい！」
って、いっぱい言ってあげてくださいね。

はじめに言葉ありき。
人は言葉のとおりになっていきますから。

というわけで… 3秒セラピー♪

さっきから気づいてたんだけど、
これを読んでるきみ、
かわいいなぁ。

ひ 「かわいい」と言ってくれる人がいないというあなた。
　　大丈夫！
　　自分で鏡を見て「かわいいなあ」と言っても、
　　ホルモンが出るそうです。

【出典】『私何だか死なないような気がするんですよ』
宇野千代（海竜社）

## 永遠にモテ続ける方法

この話は、いま恋愛中である、
あるいは結婚しているあなたに贈ります。

「恋人をつくる方法はわかってる。
　でも、つきあって結婚してからも、
　パートナーにモテ続ける方法を教えてほしい」

これはよく聞かれます。
が、おれはこれについては、まったく考えてません。

おいおい、ちょっと！
じゃあヤスは、
つきあうまでの恋愛論しか持っていないのか……!?

## 一緒なんですもん。

つきあう前も、つきあった後でも、
別れる寸前でも一緒です。

つきあうまでは、
ちゃんと相手を名前で呼んで、
あいさつもしっかりするのに、
つきあった途端にあいさつしなくなるのは変でしょ。

名前で呼んでいたのに、
「おい」
「おまえ」
「あんた」
ってなるのも変やし。

つきあうまでは素直だったのに、
つきあった途端に素直じゃなくなる。
おかしいやんね。

最初は聞き上手だったのに、
恋人同士になったらベラベラ自分の話ばっかり。
(おいおい……)

男らしさ、女らしさが急に消えるのなんて、
考えつかないし、
「好き」という言葉も、
むしろつきあってからちゃんと伝えるべきです。

「ありがとう」という言葉や笑顔も、
生きていくうえで、ずーっと必要ですもん。

つきあう前はコレ。
つきあった後はコレ。
結婚した後はコレ。

そんなふうに、
自分の中身は分けられません。

「恋人はすぐできるけど、
　なんか長く続かない……。
　モテないのかなぁ」

大丈夫!

基本は、つきあう前でも後でも一緒やから。

## 本気こそ基本。
## 「本気」って10回連続して言ってみて。

ヤ　ね。
　　「本気」は「基本」だったでしょ(笑)

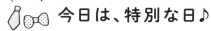 今日は、特別な日♪

読者セラピー

20歳くらいのころだったでしょうか。
おたがいに仕事をしていたので、
基本的には休みの合う日にしか彼とは会えませんでした。
が、ある日、週の真ん中のど平日に、
「いまから会えない？」と言われ、待ちあわせ場所に行くと、
彼から突然、花束を渡されたんです。

誕生日でもなんでもなかったわたしはびっくりして、
「どうしたの？　今日なにかの記念日だっけ？」
と聞くと、彼はこともなげにさらっとひとこと。

## 「おまえに会うときは、
　いつだって特別な日だよ」

すごく恥ずかしくて、でもうれしかった。
10年以上経ったいまでも、心のなかに残っています。

### 特別な人と一緒にいるときが、特別な日！

- ヤ　あぁ、そうか。
　　特別な日があるわけじゃなくて、
　　特別な人と一緒にいるときが、すべて特別な日なんや。
　　クリスマス、誕生日、バレンタインにホワイトデー。
　　全部となりに特別な人がおるやんか。

【お話】みゆき［32歳・会社員］

## for Women 男性を変えようとしない

よう子

妻になっても、母になっても、
忘れられない恋があります。

大学1年生のとき。
つきあっていた人に、初めて向こうからフラれました。
それも、突然に。

いま思い返せば、あのころのわたしに欠けていたのは、
「人に対する誠実さ」でした。
大昔は、ウソをつくことなんてなんとも思ってなかった(笑)
そのあたりが塵も積もればで、
信頼関係に影響していたのだと思います。

その次の恋愛からは、
「自分の気持ちに正直に、相手には誠実に」
を強く意識するようになりました。
グチは外に出さない、
小さなことでもウソはつかない、
「よりよく見せよう」と内面を偽らない、
ありのままを、素直に表現する。

そして、とことん相手を愛して大事にする。

そうしたら、ますますモテてしまいました(笑)

大事にするということは、
「男性を変えようとしない」ということでもあります。

男性を変えようとしない

## 「愛とは、相手に変わることを要求せず、相手をありのままに受け入れること」
by ディエゴ・ファブリ

男性は、女性に恋をしたころのまま、
自分をほめてくれて、かわいくて女らしい状態が続くと思って
告白してくれるんです。
だから、その夢を壊しちゃダメ。
ほめてほめて、愛してあげてください。

親友に同じことを言われても応援するのに、
恋人や夫には同じように言えないときってありますよね。
たとえば、「少しひとりになってゆっくり休みたい」と
言われたとして、親友なら、
「疲れてるの？　よく休んでね♪」と、すぐに言えます。
それが恋人だと、

## 「なんで？（わたしを置いて？）」

と言っちゃう。
これを、いかに抑えるかが修行。

つきあい始めてからは、
「いかに相手を自由にしてあげられるか」が
関係が長続きするかどうかの分かれ目です。
放任するのではなく、
信頼して、存分に愛することだけ考えればいい。

好きな人と過ごせる時間は、
ほんとうに奇跡の瞬間の連続なんですから。

### 大切にしたものが残る。
### 大切にしないものは残らない。

- ヤ 自転車に初めて乗れると、それからはずっと乗り方を忘れないのと一緒。
いったんモテだすと、ずっとモテるようになります。
しかし、男は道をあやまりやすいのです。
浮気。調子にノッちゃうんですよね。
ごめんなさい。おれも昔やっちゃいました。恋人がいるのに違う人が気になる。
5人くらいは常に誘っていました。なんかうらやましそうな状況ですが、
つらくなってきたんです。
信用はなくすし、女友だちは減るし、お金は交際費で飛んでいく。
同じ映画を何回も観る。そして、一番大事な恋人から別れを告げられました。
「一緒にいると不安で仕方がない。最近一緒にいてもつらい。別れてほしい」
おれ、なにやってたんやろう。一番大事な子に、こんな肌荒れさせるくらい
しんどい思いさせてたなんて。なにがモテやねん。
この時期の思い出ってほんとそれだけなんです。全然楽しくない。
いっぱい女の子と遊んで、いい思いもいっぱいしているはずなのに。
大切にしたものだけが残る。ほんとにそう思います。
- よ 大学一年生のときの失恋の3年後に、いまの旦那さまと出逢い、
彼はわたしの誠実さに惹かれたと言ってくれました。
恋を失うことで得たもの。
それはどんな本で知識を得るよりも尊いものでした。
わたしの根本を劇的に変えてくれた。
あんなふうにわたしを変えてくれたのは、
失恋を除けば、あとは出産くらいです(笑)
あのときの彼には、いまでもほんとうに感謝しています。

## 上手なケンカのしかた

女性は感情が爆発しがち。
これはほんとうに男性が嫌がります。
怒りは、すべての関係を壊しかねません。

たとえば、「全然連絡をくれなくて寂しい」という場合。

女性はいきなり、「なんでなの?!」という言い方をします。
でも、それで、
「そうか、悪かった」なんて言ってくれる男性は、いません。
言い訳をしたくなるのが男というものです。

女性の「なんでなの?!」という言葉の影には、

## 「ほんとうはこうしてほしかった」

という悲しみがあります。

その悲しみを、
相手への「批判」というかたちで表現するのではなく、
素直に伝えるほうが効果的です。

「なんで連絡をくれないの？」
と責めるのではなく、

## 「連絡がないからわたしは悲しかった」

と自分の気持ちを伝えるのです。
できるだけ自分ひとりで心をしずめてから、サラリと。

怒りの感情は、一時的なものだということを
忘れないでください。
台風みたいなものです。
時間が経てば、必ず過ぎ去ります。

## とにかくケンカをしたときは、時間を味方につけること。

こちらがほんとうに悪かったと思うことがあるなら、
素直に謝り、
彼がされて一番うれしいことをなんでもやること。

愛があれば、なにがあっても離れることはありません。
そのことを信じて、
怒りの感情には冷静に対処しましょう。

無理に我慢するのではなく、
まずは怒りを感じていることを自分で認め、受け入れる。
「なぜそう感じたのか？」と、心に聞いてみる。
ひとりで消化できればそれでいいし、
相手になにかを伝えたいと思うなら、
「正しさを主張したいだけなのか、
それとも２人のしあわせのために必要なことなのか？」
をチェックしてみてください。

これがコントロールできるようになると、
かなり関係はラクに、楽しくなります。

上手なケンカのしかた

ふだんのあなたの心が安定していれば、
いざというとき（＝ここはしっかり伝えてわかってもらわない
といかん！　というとき）に、ちゃんと彼の心に響きます。

いつもプンスカしていたら、彼もそれに慣れて
あなたの言うことを聞き流すようになってしまいますから、
要注意です（笑）

## というわけで… 3秒セラピー♪

### カーッときたら3日後に怒ろう！（笑）
### （3日後には怒りは消えてますから）

- ヤ　ケンカできるってことは、
  つまり本音で相手と言い合える仲ってことですよね。
  実は本音で言い合える人がいるって、すごくしあわせなことです。
  だからこそ大切にしてください。
  だからこそ上手にケンカしてくださいね。
- ひ　怒ってるとき、自分の内側で思っていることを
  心のなかで実況中継するかのように、ありのままに観察し続けると、
  不思議と怒りは15分もしないうちにおさまっていきます。
  「うわー、いま、おれめっちゃ腹立ってる。
  テレビのリモコン投げようとした！　こわっ！」とか、
  自分の気持ちを客観的に見続けるのです。
  もちろん声には出しませんよ。
  すると、だんだんおもしろくなってきて、
  ケンカの途中に笑い出してしまったことが、
  僕は何度もあります。お試しあれ。

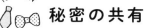
## 秘密の共有

ヤス

結婚して10年以上経ちます。
子どもがいるため、つきあっていたころと比べて
2人で食事に行ったりする機会は減りましたが、
もちろんいまでも行きます。

## そんな2人の暗黙のルール。

2人で新たな店を開拓すること。

美味しい店を探すのが好きなんです、2人とも。
おたがいにいろんなお店をネットや口コミで見つけてきて、
2人で足を運びます。

まぁ、たまに「あんまり美味しくなかったよね」ってときも
あるんですが、それはそれで盛り上がります。

新たに見つけたお店で
2人が「美味しい！」って思ったところは
そのあと何回も行きます。
そしてまた、新しいお店を探していく。

おたがい意識してやっているわけじゃないんですが、

## 2人だけの思い出が増えていくんです。

「あの店、また行きたいよね」
「あのマスター、元気にしているのかなぁ」
「今度はあそこであのメニューを食べよう」

秘密の共有

「あのお店にあったグラス、かわいかったよね」
「今日の晩ごはんは、あの店の料理をマネてみたよ」

おたがいにしかわからない話ができるようになります。
好きな相手に好かれるテクニックに、

## 「おたがいにしかわからない秘密の共有」

というものがあります。
親密度が上がるテクニックです。

まさに、おれたち夫婦は、
意識せずともおたがいがしていたんですよね。

大事なパートナーに、ちゃんと好かれましょう。

一緒に思い出を増やしていこう。

ひ　動物と人間の違いは、
　　一緒にワイワイごはんを食べられるかどうかにあります。
　　動物は、一緒に仲良く食べることができないんです。
　　一緒に食べることって、
　　それこそ仲がよくなる最高の秘訣です。
　　とくに、一緒に同じものを食べる鍋料理なんて、最高ですね。

## プレゼントの本質

for M&W

ヤス

誕生日、クリスマス、バレンタイン……。
いろんなプレゼントをいただきましたが、
そのなかでも、めっちゃ覚えているものがあります。

学生のときにもらった、音楽の入ったMD。

おれの誕生日が来るだいぶ前、
友だちとハンバーガーを食べているとき、
有線で、ある曲が流れていました。

すごくいい曲で、それに聞き入ってました。

## 「これ、めっちゃええ曲やなー」

友だちはうんうんとうなずいていました。

しばらく経って、
どうしてもそのときに聞いた曲がほしくて
お店をいろいろ探しましたが、
曲名も、歌手名さえわかりません。
まったく見当がつきません。
わかるのはあいまいなメロディーとあいまいな歌詞。
鼻歌でしか歌えない……。
ありますよね？　こういう経験。
いまでこそiPhoneのアプリで探し出すこともできますが、
当時はそんなこともできない。

そうです。
その探していた曲が収録されたMDが
その友だちからの誕生日プレゼントでした。

「なにこれ？　MD？」
「うん、そう。家に帰ったら聞いてな」

なんやろう。自作の歌か？　とか思っていました。
それが、家に帰って聞いてみると、あの曲。

## あの探し求めていた曲。

その曲を有線で聞いたのは、誕生日の3ヵ月くらい前。
おれがよっぽどその曲をほしいと思っていることを
知っていないと、
プレゼントはできません。

そのことを覚えていないと、
プレゼントはできません。

しかもおれ、その曲を探していることさえ
言っていませんでしたからね。

聴きながら、泣きました。
ほしかった曲が手に入ったからじゃありません。

これがプレゼントの本質だと思います。

また別の話。
おれが彼女にプレゼントをあげるとき、

### 「ヤスがわたしのプレゼントを考えてくれてるってだけでも、すごくうれしい」

と言われたことがあります。

そう。
そういうことなんでしょうね。

 3秒セラピー♪

## 相手を想っている時間こそ最高のプレゼント。ブランドでもなく、お金でもなく。

- ひ　ヤス、これCDじゃなくて、MDだったことに込めた友だちの意図もちゃんと気づいてたか?
- ヤ　え?　そこに意味が?
- ひ　あるに決まってるだろ。MD。『M』マジで『D』だいすき。
- ヤ　ひすいさん、『M』また『D』ダジャレですか?

## for Women 待つ愛

よう子

恋愛中、自分と相手のテンションが
ちょっとズレているときって、ありますよね。
こちらはいろいろと話したいのに、向こうは上の空だったり。

## 「人間の最大の罪は不機嫌である」

なんて名言もありますが、
自分の機嫌をよく保つのって難しいものです。
相手の不機嫌は伝染しますから。
そんなときは、こう考えます。

## 「それでわたしは困ってるかな?」

ごはんは食べる気がしないけど、
それはそれでダイエットになるし、
家族も親友もいるし、
相手がどうであろうと、べつに大丈夫ですよね。
だって「わたしの価値」はなにも変わっていないのだから。
そして、
「なにがあっても、いつも同じように接してほしい」
という無意識の期待があったことに気づきます。

それに男性って、まず仕事の悩みはくわしく話してくれません。
とくにパートナーには。
わたしも、彼が自分から話し出したら聞きますが、
自分からは仕事の悩みは聞き出しません。

「わたしは仕事のことはわからないけど、
　いつも味方だし、大好きだよ」
ということだけ、さりげなく伝えるようにしてます。

男性は、ときに自分の内側で、
じっくり物事を考える時間が必要なんだと思います。
ある程度考えや思考が固まってこないと、
言葉にして表現してはきません。

そんなとき、「彼はなんか冷たいなあ〜……」と
不安になるけれど、
ここで静かに待てるか、
そして帰ってきてくれたときに、
責めずに笑顔で迎えられるかで、
関係が長続きするかが決まってくる。

女性はコミュニケーションが愛情の基礎にあります。
相手とコミュニケーションがとれないと不安になる。
女性の本能なんでしょうね。

## でもここは、
## 相手を信頼して待つんです。

コツは、そんなこと気にならないくらい、
自分に没頭することです。

待つ愛

自分の好きなことをして、心地よく過ごしながら待つ。

「わたしが彼をどうにかしなきゃ!」
なんて悩む必要はありません。
信頼して見守るだけで、
男性は勝手に成長していくんですよ(笑)
そのチャンスをジャマしちゃだめなんです。

男性が自分の内側でしっかりと対話し、
心を見つめる時間をとれるようにサポートすることは、
彼を信頼し、真に愛しているからできること。

恋愛とて人生の一部。
他の部分も大事にしてくださいね。

静かに待つも、愛。

ヤ 待つ愛。
おれはこれをされると一番弱いです。
転職のために前の会社を辞めたとき、
なにも言わずそっと見守っててくれたのが彼女(カミさん)です。
本人はすごく不安だったそうなんです。
でもそれを言わなかった。
それがスゴイなぁと、いまも感謝しています。

【出典】「夢を実現する今日の一言」福島正伸

# 「見る」ではなく「観る」

**読者セラピー**

わたしの夫は、犬や猫にモテます。

彼はどちらかというと、
無口でたんたんとしている人なのですが、
なぜか、犬や猫が寄ってきて、
おなかを出してゴロン、ってするのです。
動物がおなかを見せるのは、
その相手に対する警戒心がないってこと。

よく見ていると、
彼はみんながワーッて騒いで食事をしているときなどにも、
ちょっと離れている犬のところに
ごはんをあげに行ったりしてるんですね。

また彼は、植物を育てるのも上手です。
どういうわけか、彼が育てると、
どの鉢植えも元気になります。
なんだか植物が彼にモテたくて、
がんばっているようにさえ見えるのです。

どうしてだろう？　と思って聞くと、
「お水を毎日あげると枯れません。それだけ」
と答えます。
(「いつのまにか枯れた」とか言ってるわたしは
そこがすでにダメ。
「いつのまにか彼女が怒ってた」って思ってるそこのアナタ！
要注意です)

「見る」ではなく「観る」

以前わたしが、珍しく彼の代わりに水やりをしているとき、
ふと彼は、こんなことを言いました。

## 「あのね、お水をあげる前に
  ひとつずつよく観てね。
  ちゃんと観察してからあげないとだめ。
  よ〜く観て、どのくらいあげるかを考えて」

ちなみにわたしと彼はまったく性格が違うのですが、
なぜか彼はわたしの思考をすばやく読み取ります。

誰かがなにかを言ったとき、
「あ、いま＊＊＊＊って思ったでしょ？」
と鋭くわたしの思考を言い当てます。

なぜかと聞くと、

## 「観てるからです(^^)」

って答えます。
彼が動植物にモテるのは、
よく観ているからだと思うのです。
「見る」ではなく、「観る」がポイント。

植物だって動物だって生きている。
だから、(自分が)水や餌をあげたいからたくさんあげる、
あげたいときにあげる、ではなくて、
いつ、どのくらい必要なのかを考えてあげる。

自分が自分が、ではなく、
相手のペースを知って、あげる。

次は、作家の、にわぜんきゅうさんの言葉です。

## 「してあげたいことをするより、
## 　相手がしてほしくないことを、
## 　しないことだな」

黙ってそばにいてほしい人もいれば、
放っておいてほしい人もいる。
話をずっと聞いてほしい人もいれば、
実は叱ってほしい人もいる。

人によって違うし、
それをしようとしてくれる相手によっても違うはずです。

相手のことを想って、
「なにもしない」こと自体が、
その人に「してあげた」ことになる場合もある。

「見る」ではなく「観る」

よく観て、じっと観て、
その人の立ち位置を考えてあげる。
もしわからなければ、聞いてもいい。
「どうしてほしい？」って。

というわけで… 3秒セラピー♪

相手をよく観て、じっと観る。
それが愛するということ。

ひ　うちの娘がまだ小さいころ、
　　ジジがよくおもちゃ屋さんに連れてってくれました。
　　そこでジジは、なんでもおもちゃを買ってくれました。
　　かわいい孫のためなら、と。
　　でも娘が大きくなったとき、それがジジからの愛だと感謝しながらも、
　　ふと僕にこう言ったのです。
　　「ほんとは一番ほしいもの、ひとつだけがよかった」
　　人によって、正解はまったく違うのです。
　　今度は同じ人でも、正解はタイミングによっても違う。
　　となれば、自分の物差しはひとまず脇において
　　もう相手を「観る」しかないですよね。
ヤ　「やさしい人だったから」「とても気が合うから」
　　よく聞く好きになったキッカケです。
　　相手があなたのことをよく「観て」いないと、
　　やさしくもできないし、気も合わないんです。
　　観察力は、とっても大事。

【お話】ふく (^-^)/~~~ ［40歳・会社員］

# 「ありがとう」の連鎖

「相手に好かれたかったら、モノをあげるのがええわ」
これは祖父の教えです。
孫であるおれにもやってくれてました。
誕生日はもちろん、
ことあるごとにおもちゃを買ってくれていました。

母は、
「またなんでもかんでも買ってヤスに与えて！」
と怒っていましたが、
「ええねや！」
と祖父はいつも母に反抗していました。

うれしそうにおれがプレゼントを受け取ると
何も言わず、ニコニコしていたのを思い出します。

だから、というわけではないと思うんですが、
祖父が好きでした。

祖父には妹がいたのですが、
ある日、その妹がグチっていたそうなんです。
「兄さんはええなあ、孫に好かれて」

祖父は真顔で答えました。
「おまえはな、孫になにもあげへんからや」

ものをあげるだけが愛情じゃないとは思います。
欲しいものを与えるだけがやさしさじゃないとは思います。

「ありがとう」の連鎖

でも、どれだけ気持ちで愛情を注いでも、
どんなにやさしい言葉をかけても、

## やっぱり伝わりにくいんです。
## 心や言葉は。

祖父は、親戚がお盆やお正月に集まるときでも、
最後は必ず手土産を渡していました。

おれが知らないこともたくさんあったでしょう。
それは、祖父の葬式で気づかされました。
縁のある人たちがたくさんおれに声をかけてくれたんです。

「自分がしんどいときに助けてもらったのが
　あなたのおじいさんなんですよ」

「いつも助けられました。
　ご存命のときにちゃんとお礼がしたかったです」

どれほどのことをしてきたんだろう。いまでも、
「これは恩返しやから」
と、親戚の人たちはおれを助けてくれます。

祖父が亡くなって数年後、
戦時中に食料を分けてもらえて生き延びたという
祖父の知り合いの方が、家に訪ねてきました。
母も祖母もそんなことは知らなかったものだから、
もうビックリしていました。

ちょっととんでもない額のお礼を
置いていかれたこともあったんです。

だからおれは、
いまも意識して、プレゼントをします。

高価なものじゃなくていいんです。

仕事で助けてもらった同僚に、
「ありがとう、ほんと助かったよ」
と感謝を伝えつつ、コンビニで買った缶コーヒーを渡します。

仕事で迷惑をかけたとき、
「この前はごめんね。これ疲れたときに」
と、チョコを渡します。

カミさんには日ごろの感謝を伝えるため
結婚した日である21日にケーキを買って帰ります。

「ありがとう」
「ごめんなさい」
「好きです」

## 言葉や気持ちはもちろん大切です。
## それに加えて、
## ちょっとしたプレゼント。

「ありがとう」の連鎖

あなただって、誰かから
「ごめんね、これ迷惑かけたから」
って、ちょっとしたプレゼントをもらうと、
「あ、すごい気にしてくれていたんだ。そこまでいいのに」
と思いますよね。

**気持ちがプレゼントに乗って
相手に伝わりやすくなるんです。**

というわけで… 3秒セラピー♪

しあわせなギフトをつないでいこう。

ヤ おれも自分が学生のころ、
親戚の子たちによくテレビゲームのソフトを
プレゼントしていました。
彼ら彼女らは、成人したいまでも覚えてくれていて、
今度はうちの息子たちによくプレゼントをくれます。
でも、もちろん、プレゼントに見返りは求めません。

## for Women 男性の浮気対処法

よう子

## 男性の浮気はですね、
## （ある程度は）しょうがないです（笑）

女性が、サンダルも欲しいけどパンプスも欲しいというのと、
同じくらいの感覚なんですよ。
となりにいる女性も、ふと見かけた女性も、全く違う存在。
だから惹かれる。

でもね、いままでわたしが見てきたイイ男は、
浮気なんてしませんよ。
イイ男は誠実ですから、
ほんとうに他の人を好きになったのなら、
あなたに伝えてきます。
誠実さは、ときに残酷です（笑）

結局できることは、自分が相手にとって、
最高に魅力的になれるよう、日々努力しておくことだけ。

とはいえ、「どうしても浮気はイヤ」という場合は、
ひとつだけ方法があります。
誰も振り向かないような人と、つきあえばいいのです（笑）
魅力的な人とつきあったのなら、
浮気は、ある程度覚悟したほうがラクです。

そして、男の浮気は女の場合と違って、
「浮わついた気」が、ほとんどだということを、
知っておいてください。
騒ぎ立てなければ、終わるものが多い。

なぜなら、浮気って、
その場の雰囲気に流されてつくられた関係だから。

理性できちんと考えると、
なかなか本命との関係を超えることはできないんです。
本命とのつきあいが長ければ、なおさら。

 3秒セラピー♪

**本命の女として、
どっしりかまえる。**

㊼ そして、彼にとって、安心できる癒しの存在になること。
　　最後に選ばれるのは、
　　いつもそばで見守ってくれるやさしい女性ですから。

## 女性が浮気するとき

よう子

女性の浮気はですね、
本気のことが多いと思います（笑）

生き物としての性別の役割から見ても、
女性は、ひとりの人を愛し、
ひとりの子どもを産むようにできているんですよね。
同時に別々の親の子を産むことはできない。

だから何人も同時に、
本気ではつきあえないんですよ。

男性のみなさま、よく覚えておいてください。

**女性は、
心から愛してくれてるパートナーが
世界にたったひとりいれば、
他の人なんて
必要ないんです。**

男性はけっこうチラ見しますけど（笑）、
女性はひとりで最高にしあわせ。

女性が同時に2人の人を好きになるということは、
どっちも好きじゃないのと同じです。
どっちかだけだと満足できないってことですから。

女性が浮気するとき

これがわかると、
女性がどういうときに浮気するかが見えてきますよね。

2人の間の特別な愛を信じられなくなったときです。
具体的には、コミュニケーションをうまくとれないとき。
なかなか連絡をくれない、
自分話を聞いていない……
などと、自分をかまってくれないときです。

男性視点からすれば、
「安定した時期」ということなんだと思いますが、
女性にとって、

## 「コミュニケーション＝会話」が減ることは まさに、愛を感じなくなる行為なのです。

いつだって愛を確認したい生き物ですから。
だから、マンネリのときは危ないんですよ。

そんなとき、自分の話をちゃんと聞いてくれて
「今日はこんな1日だったよ」って
たわいもない会話ができる男性があらわれると……、

浮気というより
本気になってしまいます。

だから、「気にかけてるよ」っていうサインを、
日ごろからこまめに出しておくことです。

たまのプレゼントでチャラにはなりません（笑）

## 「愛は言葉だ」
## by 太宰治

よ 「声が聞きたくなったから電話した」
　　「いつもありがとう」
　　「心配だから、家着いたらちゃんと連絡してね」
　　などなど、彼女の好きなパターンを探してみてくださいね。

# 「あなたと結婚するのが夢なの」

「あなたと結婚するのが夢なの」
夜の新宿の公園を散歩してるときに、
突然彼女に言われました。

僕はこう返しました。
「あ、そう？」

もちろんうれしかったのです。
もちろん彼女のことは大好きだったのです。
でも僕はそのとき25歳でしたから、
まだ結婚したくなかったのです。

「あなたと結婚するのが夢なの」
と、その後も何度か言われたのですが、
そのたびに僕は、
「あ、そう？」と逃げていました。

しかしある日、
僕が風邪を引いて会社を休み、家で寝ていると、お昼過ぎに、
ピンポーン♪
玄関をあけると彼女が立っていました。
社内恋愛だったので、彼女は僕が休んだのを知り、
会社を早退してお見舞いに来てくれたのです。
この日の夜、言っちゃったのです。僕のほうから。

## 「結婚しようか？」

弱ってるときに優しくされると、男はダメですね。
ノックアウトKO負けです。

こうして、それはそれは厳しい、
「結婚」という修行が始まったわけですけどね（笑）

でも、いま、
「やっぱり彼女を選んでよかった」
って思えるんです。

僕はなにかに夢中になると、
それしか見えない状態になり
彼女のことをほっぽり置いちゃうところがあるんですね。
武道にハマったときは週に5日も道場に通ってましたし。

僕は常になにかに没頭していて
子どもが夢中でプラモデルをつくってるようなものなのです。
でも、そんな一番僕らしい僕を、
いつも受け入れてくれた相手。
それが彼女だった。
彼女以外の女性だったら、必ずこう言われたはずです。

# 「わたしのことは、
　どうでもいいんでしょ?」

彼女はそれを言わなかった。
いつもなにかに夢中になってる僕を受け入れてくれた。

「あなたと結婚するのが夢なの」

彼女は、僕が一番僕らしい状態を、
一番受け入れてくれる人だったんです。

人間的にダメなところって
大人になっても意外に直せないもの。
僕の場合でいうなら、人の気持ちを読めないところとか。

でも、だからこそ、
自分の好奇心に素直に夢中になれて、
これまで50冊もの作品をつくってこれた。

それは、彼女が僕のダメなところをつぶさなかったからです。
彼女が僕の欠点を受け入れてくれたからです。
ありがとね。

というわけで… 3秒セラピー♪

恋人の「欠点」を、
その人に欠かせない点にしてあげるのが
あなた!

ひ　欠点の裏側で咲く花、それがその人の才能であり、魅力です。
　　だから欠点をつぶすと才能までつぶされちゃうのです。
　　欠点もまた個性だととらえられると、
　　相手にやさしくなれますよね。

#  なんで「マンネリ」になるんだろう?

よう子

わたしは「相手に対し飽きを感じる」という感覚が、
あまりありません。
むしろ、別の感覚を持っています。それは、

## 「相手に常に新鮮さを感じる」

という感覚です。
わたしは彼=だんなさんと10年以上一緒にいますが、
マンネリだと感じたことは、一瞬もありません。

最初の頃のような激しいときめきがあるわけではないですが、
娘が生まれたいまでも2人きりでデートできるとうれしいし、
仕事を終えて家に帰ってきてくれたらくっつきたくなるし(笑)
「ほんとうにイイ男だなぁ」と見とれたりする。
大切に愛と信頼を育ててきた、という実感があります。

でも、どんなに長く一緒にいても、
おたがいのことを100%わかるなんてことは
ありえないんですよね。

だって、おたがいに日々成長しているから。

細胞は毎日生まれ変わり、食べ物の好みも変わり、
起こる出来事、その対応、新しいことへの興味、
すべて毎瞬更新されていて、昨日と同じではないんです。

なんで「マンネリ」になるんだろう？

## 変わることなく、
## 彼がわたしと一緒にいてくれるのは、
## 毎瞬、わたしを選んで愛してくれているから。

そう思うと、マンネリという概念がないですよね。
そういう目で彼のことを見ていると、
毎日なにかしら変化を感じます。

「へえ、こんなことに興味あったんだ」
「変わらずにやさしいな、わたしを選んでくれてるんだなあ」

変わらない魅力って、
本人が変化し続けてるからこそ
感じるものなんですよね。

「ひとりの人間をほんとうに心の底から愛しさえすれば
他のすべての人までみんな愛らしく思えてくるものだ」
by ゲーテ

よ　どれだけ長く一緒にいても、やっぱり彼にほめられるのが一番うれしい。
　　子どもが小さいときは、セルフケアの時間をつくるのも大変ですが、
　　彼が好きなロングヘアをキープしたり、夜中にネイルしたりと、
　　がんばってますよー（笑）
　　母になると、「あれやって、これやって」と
　　男性的な強さが出やすくなるので、
　　女性らしいやわらかさを忘れないようにしたいものです。

CHAPTER 5

# 愛の真髄編

しあわせな恋愛ってどういうこと?
［恋愛奥義皆伝コース］

愛することは大吉、
愛されることは小吉。

——佐藤富雄（作家）

# It's a wonderful world !

初めての彼女ができるまで、おれは、
「誰でもいいから誰かに愛されたい」
と思っていました。

でも、この世界の"真実"はそうではありませんでした。

好きな人ができて、初めて恋人同士になったとき。
白黒で印刷されたような退屈な毎日に、色がついた。

世界がその人中心にまわり始めた。

なにをするときでもその人のことを考えて、
ひとりのときも、友だちといるときも、
常にその人のことを考えた。

いろんなことで笑い合って、
いろんな場所に一緒に行って、
しょうもないことでケンカしたり、
ちょっとしたことでもしあわせを感じられる。

誕生日には贈り物をし合って、
クリスマスには大きなクリスマスツリーを見に行って。
特別な日じゃなくても、毎日がイベント。
初めて恋人ができたとき、思ったんです。

## 「あ、おれの居場所はここやわ」

おれは、恋とか愛とかの違いをよくわかっていません。

恋と愛の線引きができないんです。

ここまでは恋、ここからが愛、みたいな。

友だちから言われます。
「ヤスは彼女を愛してるよな」
「彼女にすっごい愛されてるよね」
こんなことを言葉で言われても、ピンとこないんです。
いままで彼女に、
「愛してる」
なんて、言ったことがありません。

おれは人に愛を語ることができません。

でも、言葉を超えたところで感じています。
言葉にできないんですよ、この気持ちは。

気がつけばそこにあって、
感じないと存在しないもの。
これって、「生」と同じじゃないですか。
生きてるだけで素晴らしい。

それと同じ。
愛するだけで素晴らしい。

「おれってめっちゃ生きてるねん」
なんて、わざわざ宣言しません。

It's a wonderful world !

ふと、気がついたときに思うこと。
「あぁ、おれって生かされてるねんな」

親に、家族に、友だちに、先生に、恋人に、
出会った人みんなに生かされてきたから、
いま、生きている。

そう思うと、

## 愛することって、
## 愛されていることなんです。

そして、愛されているって、愛しているってことです。
一方通行じゃないんですよね。

だから、「誰かに愛されたい」と思うなら、
誰かを愛することです。

 3秒セラピー♪

誰かを愛することで、
愛されていることに気づきます。

🗨 それが世界の真実です。
　It's a wonderful world !

**フラれてからがほんとうのスタート**

読者セラピー

彼と初めて会ったとき、わたしは20代。
一方、仕事を通じて出会った彼はというと、50代目前。
かなりふっくら、ずんぐりしたおじさんでした。

当時わたしは舞台女優をしていて独身でしたが、結婚願望ゼロ。
まわりには俳優を志すイケメン男子も多数。
当然、20も歳の離れたずんぐりおじさんは
恋愛対象ではなかったので、その仕事が終わったら、
もう二度と会わないのだろうと思っていました。

最後の仕事現場で、彼と2人きりになりました。
わたしが、「短い間でしたがお世話になりました」と
言っている途中に、
突然彼が、「交際しませんか？」と言うではありませんか！

わたしはびっくり仰天！！
即座に、「そんな……交際はできません！」と伝え、
その場を逃げ去りました。

家に戻ると彼からのメールが届きました。
「きっと謝ってくるんだろうな」と思い、
暗い気持ちで携帯を開きました。

すると……
予想に反して、こんなことが書いてあったのです。

「君の気持ちを聞けてよかったよ。
 自分に言ったよ、うぬぼれんじゃねーよ、
 おまえみたいなおっさんを相手にするわけねーじゃんかって。
 まず自分を知ってもらうのが先だろう？ と思いました。
 そう、だから僕はこれから、正直に、全力で、
 僕を知ってもらう努力を始めることにしました。
 なのでお願いだから、こんなささいなことで
 もう会わないなんて言わないでほしい。
 断られてからが僕のプレゼンのスタートです。
 あ、でも君は正直な気持ちを伝えてくれればいいから、
 絶対に君からのレスポンスは求めないから、安心して。
 そして嫌なときは嫌って言って。
 でも楽しかったら楽しいとも言って。
 ちなみに今週の土曜日は空いてますか？
 おいしいおでん屋があるから行きませんか？」

感動しました。
まっすぐで、強がっているけれど、かわいくてユーモラス。

だからといって、彼がいきなり王子様には見えないけれど、
心がほかほかしたことを覚えています。

それからというもの、
彼はあれやこれやと口実をつくっては
わたしの足を「デート」に向けさせることに成功しました。

「観たい映画のチケットがあるよ」
「生バンドのジャズバーがあるよ」
「ファーマーズマーケットやってるよ」

## 驚くことに、どれもこれも、わたしの興味がわくものばかり。

また、毎回デートの途中で、
「僕と一緒にいると楽しく暮らせる10のメリット」という題の
一風変わったラブレターを渡してくれるのですが、
これがおもしろかった！

ラブレターには、
・自他ともに認める彼のよいところ
・どれだけわたしが素敵な女性であるか
・なぜそんなにわたしのことが好きなのか
が事細かに記されていて、
最後は必ず「To be continued….」でしめくくられている。
彼の思惑どおり、いつのまにか次回が気になり、
「早く読みたい！」と感じている自分がいました。

「最近寝つきが悪いんだよね」と言えば、
「寝つきがよくなる本」をすぐ買って
持ってきてくれたこともあります。

そんなプレゼン期間が、半年以上続きました。

フラれてからがほんとうのスタート

彼は、あの突然の告白以降、
「やっぱりつきあってよ」などと迫ってくるわけでもなく、
**とにかく明るく、全くへこたれません。**

そしてその間、彼は、たくさんわたしを励ましてくれました。
ふつうであれば、いつまでも自分のほうを向かないわたしを前に、
イライラしてもおかしくありません。
性格の悪いわたしは、ひそかに
「いつかはこの人もそうなるだろう」と思っていました。

**でも彼は、わたしのすべてを肯定してくれた。**

そして「舞台に立つ」というわたしの仕事や考え方に
興味を持ち、
ほんとうの意味でのわたし自身を知ろうとしてくれたことが、
なによりもうれしかった。

そうこうするうちに、
わたしのなかのぶ厚い壁が崩壊し始めました。
彼に会えない時間はつまらなくて、しばらく連絡がないと、
「どうしてるかな」
「おもしろいことがあったから早く報告したいな」
などと思うようになっていました。

それと同時に、わたしが恋人に求める理想や外見、体裁などが、
どれだけくだらないものであったかということにも、
気がつきました。

彼は、
「もし僕とつきあってくれたら、
それは、結婚するということです」
とよく言っていました。
わたしは、その彼の言葉を素直に受け入れ、
わたしたちは結婚しました。

もしあのとき、
彼が恋のプレゼンを半年間続けてくれていなかったら、
わたしは人生において、
重大なミスを犯してしまっていたことでしょう。
そしていまもきっと、存在すらしない理想の恋や結婚を
夢みていたかもしれない。

ありがとう、パパ。
わたしのパパは、恋愛感情ゼロからスタートして
結婚まで持っていった奇跡のおじさんです。

というわけで… 3秒セラピー♪

## 人を愛することは
## 愛されることより数倍かっこいい!!

よ　素敵すぎます♡　誰の心のなかにも、「承認欲求」があります。
まるごとの自分を認めてもらいたい、受け入れてもらいたいという「思い」。
ご縁あって好きだと感じる人には、無条件の愛を送りたいですね。

【お話】ひのり［名言ラジオセラピー・パーソナリティ］

**究極の恋愛**

恋する時間は100億円の価値があります。
たとえそれが、片想いであっても。

「片想いでもいいの。ふたり分愛するから」
(映画『荒野を歩け』)

子どもができて思ったことは、
愛することのほうが
愛されるよりも、
実はしあわせなんじゃないかってことです。

子どもから愛されたいって、そんなに思わないんです。

「おれの誕生日には子どもからプレゼントもらいたいな!
 ワクワク♪」
なんて思いませんし(笑)

「とうちゃんなんか大嫌い」
って言われても、
僕は子どもを一生愛し続けるでしょう。

この子がほんとうに人生を楽しめるような子に
育つように、心を尽くしたいってだけ。

大好きな人から愛されてるときと、
大好きな人を愛してるとき、
どちらもすごーくしあわせですけど、

幸福感は、
大好きな人を愛してるときのほうが、
深いように思います。

実際、脳内ホルモンとしては
人に愛されてるときに出るのは
ストレス解消に効果があるβエンドルフィンで、
人を愛するときに出るのは、
しあわせを感じるオキシトシン。

つまり、しあわせを感じるのは、人を愛するときなんです。

漢字の「相思相愛」という文字を見ても
相手を思って相手を愛すると書いてあります。
相思相愛なのに、自分が愛されるって意味が、
漢字には含まれてないんですよね。

愛されようが愛されまいが、
相手のためになることで（←ここがポイント）
自分ができることがあれば、それをやるだけ。
そう思えたら、片想いもいまより楽しめるんじゃないかな。

## 愛すること、そのなかにすでに幸福感があるんですから。

片想いはとても苦しいものだけど
同時に、素晴らしいものだと気づいてほしいのです。

## だって、人を心から好きになることって、
## 生涯のなかで、そう多くはないと思うから。

「相手は自分をどう思っているんだろうか」
というところばかりに意識を向けるのではなく、
あなたの内側の「大好き」って愛を
もっとしっかり味わってほしいのです。

人を好きになるその気持ち。
それは片想いであろうが
宇宙で一番素敵な100点満点です。

相手が自分のことを望んでいないとき、
そのぽっかり空いた大きな穴は、
しあわせとつながっているようには思えません。

そこには暗闇しかなくて、その穴をふさごうと、
もがけばもがくほど大きく空いて、
自分が消えてしまいそうで、苦しい。

でも言わせてください。

## 「実らない恋愛はない。
## かなわない恋愛であっても、
## 心のなかには、なにかが実るはず」
by みむ

大好きな人に想いを受け入れてもらえることの
奇跡ともいえる喜び。
その恋愛のほんとうの素晴らしさを味わえるのは
暗闇の絶望を感じたことがある人だけです。

がんばれ、
片想いボーイズ＆ガールズ！

 3秒セラピー♪

「あの人が大好き」
その想いが
人生に素晴らしい景色をもたらす。

ひ 「失恋してしまった」という君には、江原啓之さんのこの言葉を贈るね。
「失恋によって傷つくことなどありません。魂が磨かれるだけです」
ピカピカに磨かれたね。でも、今日は泣いていいからね。

よ 大好きだった人と別れた日の景色を、いまでもよく覚えています。
いつもと変わらず朝がきて、空がきれいで、
世界はなにも変わらず動いていくんだって、ビックリしました。
離れたからこそ見えるもの、気づけること。
それは心が繊細で余計なものがついていない、
わずかなときにだけ知ることができる、
これからのあなたのかけがえのない財産です。
いましか見えない景色、愛し合えた喜びはなくなりません。
ご縁に感謝。

【出典】『愛のスピリチュアル・バイブル』江原啓之（集英社）
『荒野を歩け』エドワード・ドミトリク、1962年、米国
【協力】みむ［29歳・プログラマー］

# いかに愛される男(女)になるか

恋愛論でよくあるテーマは、
「いかに愛される男(女)になるか」です。

でも、ほんとうにモテる人に聞くと、
実はそうじゃないんです。
「いかにして相手を愛するか」

この2つ、ちょっと違うんですね。

親友にユタカという男がいます。
彼は見た目はまったくダメダメ。

ユタカと一緒に行った飲み会で、
彼はひとりの女の子に一目惚れをしました。
そこで猛アタック。飲み会の雰囲気もまったく無視。
体ごとその子に向けて、ずっと彼女と話していました。

このパターン、恋愛本には必ず、
「一番やっちゃダメ」な典型例として書かれています。
が、ユタカは見事彼女を恋人にしました。
どんなテクニックを使ったんでしょう?

**いえ、
ただ彼女を
心から好きだっただけです。**

それを一生懸命伝えただけです。
それだけ？
はい、それだけです。

## ただし、半年間ずーっと。

半年間、彼は自分の気持ちを素直に伝え続けました。
伝えるために行動しました。
彼女に聞いたところ、こんな答えが返ってきました。

「気持ちに負けたわ。
　でもそんなにまでわたしのことを思ってくれて、
　わたしも好きになったよ」

というわけで… 3秒セラピー♪

愛されるからモテるんじゃない。
好きやからモテるんやな。

- 「好きだ」という気持ちを伝えるために、行動に移すことはすごく大事ですね。ただ女性の場合は、こんなにアタックしたら、男性は絶対逃げます（笑）
「女性は想われることがしあわせ」という感覚が強いです。
逆に男性は自分の惚れた子を大切に愛したいと思っていますから。

「男性の幸福は『われ欲する』である。
　女性の幸福は『かれが欲する』である」
　byニーチェ

# パートナーを優しく見れるようになる「考え方」

僕らは誰かとつきあうとき、
ふつうは、相手のことを大好きな状態から始まりますよね。

でも、「大好き」が100%からスタートすると、
相手と気が合わないところが見えたとき
減点方式になってしまうことがあります。

そんなときはどう考えればいいのか？

沖縄のヒーラーである普天間直弘さんは、

## 「理想の男性像を100点としたら 60点あったら結婚していい」

と言います。

30点で男友だちになっていい。
40点あったら彼氏にしていい。
そこから好みの男に育てて、
60点になったら結婚していい、と。

で、60点から始めて
100点満点に育て合っていく。
息を引き取るときに、

## 「この人生、あなたを選んでよかった」

と、おたがいに言えるように。

映画のように途中でいろいろあっても、
「終わり良ければすべて良し」なわけです。

この考え方にすると、
相手を優しく見れるようになります。

## 一生かけて、
## 最高のパートナーに育て合っていくという視点。

普天間さんは、さらにこう言っています。

「若い頃の2人は
『肌の温もりが愛しい、恋しい仲』
中年、壮年の2人は
『心が愛しい、恋しい仲』
老人の2人は、
『人生良いも悪いも有ったけど、未だ一緒に居ることが
愛しい、恋しい仲。
この人生、貴女（貴方）を選んで良かった』で逝けば良い」

100点満点の相手と一緒にいるのもしあわせだけど、
40点からどこまで育て合えるのか、
ゆるし、ゆるされ生きるのか、
というところにも大きなしあわせはあるんですね。
育て合えるしあわせです。

そう考えると、
僕はカミさんとの仲がマイナス1000点くらいになり、

離婚したい時期もありましたが、
また立て直しが始まっています。

僕の本がアマゾンで総合1位になったときに
「あんたが何位になろうが家庭じゃ最下位でしょ！」
とけなしたあの鬼嫁が（笑）
なんと結婚21年目にして優しくなってきてるんです。

順を追って話すと、
僕の本は、ふだん本を読まない人でも、
「ひすいさんの本なら読める」
とおほめいただくことが多いんですが、
では、どうして僕は、本を読まない人にも伝わる書き方を
これほど磨いてきたのかということに
思いをはせたときに、
ふと気づいたんです。

そうか、僕は、ふだん本を読まず、
価値観の全く違うカミさんにも伝わるように
文章力を磨いてきたんだって。
僕の無意識の想定読者は、いつもカミさんだったんです。
だからこそ、わかりやすく伝える技術が磨かれ、
ベストセラーを出すことができた。
それに気づいたとき、カミさんに対して、
心から感謝の想いが湧き上がりました。

価値観が違うことで、かつては悩んでいました。
しかし結婚して21年、いまは価値観が違うことに
涙が出るくらい感謝できます。

そして、カミさんへの感謝の想いがあふれたとき、
なんとカミさんが優しく豹変したんです!
締切前になると、僕はフケが増えます。
執筆中にいきなり後ろから首もとに
クイックルワイパーされるなんてことがあった僕ですが、
ある日、カミさんがこう言ったんです。

### 「あんた、今日はすごくフケが多いわね。
### わたしがシャンプーしてあげようか?」

以来、毎日カミさんが僕のシャンプーをしてくれているんです。

### 愛は育むもの。

ひ　僕ら夫婦は、ラブラブ街道まっしぐらの100点満点でスタートして、
　　途中、マイナス1000点まで転がり落ちました。
　　さあ、この後、どこまで挽回できるんでしょうかね。
　　こうご期待です(笑)

【参考】『「第六感」で決めると、すべてに迷わなくなる!』普天間直弘(サンマーク出版)

片想い、超楽しい！

読者セラピー

わたしの親友に、同性愛者の男性がいます。
同性愛者の彼の恋愛は、
異性間同士の恋愛と比べると、
成就する確率がとても低いんです。
非同性愛者の方に恋をしようものなら、
そのハードルは瞬時にMAXになります。けれども、

## 彼は人知れず、相手を想い続けます。

相手を想うその純粋さとパワーと温かさは、
はかなさがあるからこそなのか、
ものすごくピュアで美しい。

相手がしあわせになるのなら、
どんなに好きでも瞬時に身を引いて、
同性の友人としてチャンネルをすばやく変換し、
無償の協力を惜しみません。
その潔さには、とうていかないません。

そういった片想いの連続の彼ですが、
「片想い、超楽しい」
と言って、いつでも恋をしています♪
そして輝いている。

彼は言います。

「自分のものにしたいと思うから恋はつらくなる。
　でも僕は、『好き』ってスイッチが入る人と、
　出会えるだけでうれしいんです。
　超タイプな子に会っただけでラッキー。
　元気な顔を見るだけでうれしい。
　話せたらそれだけで1日中ウキウキする。
　失恋したって僕は問題ないよ！
　想いを寄せた相手がしあわせをつかむなら、
　これほどすばらしいことはないからさ♪
　そりゃ、最初はへこむけどね〜」

## 3秒セラピー♪

### 大好きな人がいる。
### それがしあわせ。

ひ　「恋の悩みほど甘いものはなく、恋の嘆きほど楽しいものはなく、
　　恋の苦しみほど嬉しいものはなく、恋に苦しむほど幸福なことはない」
　　by アルント

　　しあわせはなるものではなく
　　気づくもの。
　　そこに君がいるしあわせに気づこう。

【お話】tepitepi ☆ ［32歳・フリーター］

## 愛したことが、記憶に残る

ヤス

祖父が亡くなりました。
もう10年以上前です。
それから祖母が亡くなったのが一昨年。
おじいちゃん、おばあちゃん子だったおれには
かなりこたえました。

祖母は、祖父が亡くなってすぐ認知症を患いました。
亡くなる数ヵ月前には、もうおれのことも誰かわからず
実家に戻っても、まるで親戚が訪ねてきたかのように、
おれのことを認識していませんでした。

祖父母にとっての初孫だったおれは、
それはそれはかわいがられて甘やかされて育ったんです。
「いくら認知症でもおれのことだけは忘れないだろう」
と思っていただけに、ショックでした。

母とは、
「おじいちゃんが亡くなった悲しみのショックが
　あまりにも大きくて、受け入れられず、
　おじいちゃんのことを忘れようと思って、
　ついでにいろんなことを一緒に忘れてしまったのかもね」
と話していました。

祖父の葬式で、祖母は、

## 「行かないで！　一緒に連れていって!!」

と泣き叫んで棺にすがりついたくらい、

おじいちゃんを愛していました。

祖父母が若いころのエピソードで、
祖父のスーツから知らない女性からの手紙が出てきたとき、
祖母は祖父にナイフを突きつけたそう。
それくらい、それくらい大好きだったんです。

そんな祖母が亡くなり、遺品整理をしていたときのこと。
母が、祖母が最後まで使っていた財布のなかをあけると、
写真が入っていました。

最後はおれのことも家族さえも忘れてしまった祖母が
最後の最後まで大切にしていたのは、
ほんとうに死ぬまで愛した祖父の写真でした。

というわけで… 3秒セラピー♪

あの世に持って行けるのは、
愛した「思い出」。

ヤ　よかったね、おばあちゃん。やっとおじいちゃんに会えたね。
　　つもる話もあるやろうね。
　　おじいちゃんが会えなかったおれの子どものことを話しておいてね。
　　いつまでも楽しく向こうで過ごしてください。

ここまで
読んでいただき、
ありがとうございました。

残すお話はあとひとつになりました。
最後にあなたにお伝えしたいことは、
次のページに書かれています。
お気に入りのカフェや
ゆったりできる場所で、
ゆっくり味わってください。

# 大好きな彼

とってもとっても大好きな彼がいました。

僕はゲイなのですが、
その彼と一緒に暮らしていくなかで、
すごくしあわせな時間を過ごしました。

やさしい、あったかい人でした。

ある日、僕が体調を崩して
入院したときのこと。

彼はなぜかあまりお見舞いには来てくれず、
不審に思っていたところに、
彼の職場から電話がありました。

彼は、僕が入院した日から無断欠勤をしていて、
連絡が取れないそうなのです。

以前、友だちから
「彼はどんな人？」
って聞かれたことがあります。
僕は、
「ウサギかな」
って答えました。
ウサギは寂しいと死んでしまうから。

電話やメールの返事もなく、心配になって
病院から無断外出して帰宅してみると、
彼は家にいました。

なにを聞いても答えない彼。

でも、ひとつだけ、
涙目で言ってくれた言葉。

「がんばるから」

それから一週間後。
退院し、帰宅してみると、
荷物は整理され、彼はいません。

彼は、実家に帰ってしまっていました。

それからは、もう連絡もつかず、
彼の行方もわからないままです。

悔しくて泣きました。
悲しくて泣きました。

退院して帰ってきた僕を、
「おかえり」
って迎えてほしかったのに。

怒りがこみあげてきました。

でも、ふと思い出すのは、
彼のやさしい笑顔、やさしい声、
隣でいびきをかいている寝顔……。

どんなにワガママを言っても
受けとめてくれた、
大好きだった彼の思い出ばかりなんです。

いま、彼がどこにいるのか、
なにをしているのか、
僕にはもうわかりません。

でも、最後に言ってくれた言葉、
「がんばるから」。

きっと、この言葉どおり、
彼はどこかで元気でいてくれるはずです。

もう顔も見れないし、声も聞けない。
でも、彼を思い出すと、
「僕もがんばろう」
と思えたりする。

顔も見れない、声も聞けない、
触れることもできない、
でも、思い浮かべると、
あったかい気持ちになれる……。

そうだ。

きっと彼は、ぼくの神様になったんだ。

一生のなかで、
心から大好きになれる人は、
そう多くない。

「好き」って思える人と出会えたこと。

それは、もう人生最高の奇跡です。

なぜなら……

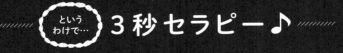

というわけで… 3秒セラピー♪
大好きな人はあなたの神様だから。

【お話】ちゅ〜た［32歳・病院勤務］

愛せよ。
人生においてよいものは
それのみである。

by ジョルジュ・サンド

# おわりに

読者の方で、僕に会っただけで
感激して涙ぐまれた方がいらっしゃいました。
『3秒でハッピーになる名言セラピー』で
人生が変わったのだそうです。

さて、その日、家に帰り、顔を洗うと
洗面所に水が飛び跳ねました。
それを見た妻は、
「また水浸しにして!!!」と怒り、僕は、
「ごめん、ごめん」と謝りました。

妻にとっての僕は、まさにできの悪い子ども。
涙ぐんだ読者にとって、僕はカリスマ作家(笑)

さて、ほんとの僕はどれでしょう?

精神科医の中井久夫先生は
「アイデンティティは人間関係の数だけ存在する」
と言っています。

つまり、出会った人の数だけ、
新しい自分が生まれるってことです。

この人の前だとよくしゃべるのに、
この人の前だと無口になってしまう。
この人の前だと明るいのに、
この人の前だと消極的な自分になってしまうってこと、
ありますよね?

おわりに

　でも、それは全部スペシャルな自分。

僕らは出逢いを通して、初めて自分を知ります。
そして、
「この人といるときの自分が 一番好き」
そう思える相手と恋に落ちるんじゃないかな。

僕は妻のおかげで、
干渉されずに好きなことに没頭できて、
できの悪い子どものようにのびのびしていられる。
ありのままの僕を、
一番ゆるしてくれたのが妻だったんです。

恋愛を通して、人は自分の可能性を発見していきます。

3秒セラピー♪

大好きな人の前で、
あなたは一番好きな自分と出会います。

人を好きになると、
いろいろあるけれど、
それらも含めて宇宙一素晴らしいこと。
出逢いから、
自分の「素」が「晴」れていくのです。
それが「素晴らしさ」です。
だから、外に出かけて、人を好きになろうよ。

では最後の最後に
あなたにプレゼントしたい言葉があります。

それは『偶然』という言葉です。
『偶然』という文字は
『人』＋『禺』＋『然』
というつくりでできています。

『禺』は『会う』という意味です。
『然』は然るべくして、つまり「必然」という意味です。

わかりましたでしょうか？
『偶然』という文字には

「人が会うのは必然です」

という意味が隠されていたのです。

偶然は必然。
これまでの出逢いも必然。

おわりに

これからの出逢いも必然。
なにひとつ欠けてもいけない。
あらゆる出逢いは奇跡です。

だから、今日の偶然を大切にしたい。
そんなふうに生きているとき、
あなたはしあわせにモテているはずです。

出逢いを楽しむために、
この地球は今日も存在してくれています。

今日こうしてあなたと出逢えた"偶然"に感謝します。
最後まで読んでくれたあなたを抱きしめたいくらいです。
ほんとうにうれしいです。

僕らの「ありがとう」って気持ち、届けっっ！
Happy Together！


　　　　　　　　　　　　　　　　　　　　ひすいこたろう
　　　　　　　　　　　　　　　　　　　　　　　　ヤス
　　　　　　　　　　　　　　　　　　　　　　　　よう子

◉ **出典**

P065　CHAPTER 2　「恋は全て初恋です。相手が違うからです」
　　　　　　　　　『初めての、恋のしかた』中谷彰宏（大和書房）

P187　CHAPTER 5　「愛することは大吉、愛されることは小吉」
　　　　　　　　　『自分を変える魔法の「口ぐせ」』佐藤富雄（かんき出版）

◉ **協力**

ほんとも隊長

次はここでお会いしましょう。
**「3秒でHappy？ 名言セラピー」**
by 天才コピーライター

https://www.mag2.com/m/0000145862.html

まぐまぐメールマガジン。メールアドレスを
登録すると名言セラピーが無料で届きます。

本の感想もお待ちしてます！ ^_^
モテるーズ宛▼

moteruz510@gmail.com

## 3秒でハッピーになる名言セラピー　恋愛編（増補新版）

発行日　2019年　4月30日　第1刷

| | |
|---|---|
| Author | ひすいこたろう＋モテラーズ（ヤス＆よう子） |
| Book Designer | 西垂水敦・市川さつき（krran） |
| Publication | 株式会社ディスカヴァー・トゥエンティワン<br>〒102-0093　東京都千代田区平河町2-16-1 平河町森タワー11F<br>TEL　03-3237-8321（代表）03-3237-8345（営業）<br>FAX　03-3237-8323<br>http://www.d21.co.jp |
| Publisher<br>Editor | 干場弓子<br>大山聡子 |
| Marketing Group<br>Staff | 清水達也　井筒浩　千葉潤子　飯田智樹　佐藤昌幸　谷口奈緒美　古矢薫<br>蛯原昇　安永智洋　鍋田匠伴　榊原僚　佐竹祐哉　廣内悠理　梅本翔太<br>田中姫来　橋本莉奈　川島理　庄司知世　谷中卓　小木曽礼丈　越野志絵良<br>佐々木玲奈　高橋雛乃　佐藤淳基　志摩晃司　井上竜之介　小山怜那　斎藤悠人<br>三角真穂　宮田有利子 |
| Productive Group<br>Staff | 藤田浩芳　千葉正幸　原典宏　林秀樹　三谷祐一　大山聡子　大竹朝子<br>堀部直人　林拓馬　松石悠　木下智尋　渡辺基志 |
| Digital Group<br>Staff | 伊藤光太郎　西川なつか　伊東佑真　牧野類　倉田華　高良彰子　岡本典子<br>三輪真也　阿奈美佳　早水真吾　榎本貴子 |
| Global & Public Relations Group<br>Staff | 郭迪　田中亜紀　杉田彰子　奥田千晶　連苑如　施華琴 |
| Operations & Management & Accounting Group<br>Staff | 松原史与志　中澤泰宏　小田孝文　小関勝則　山中麻吏　小田木もも　福田章平<br>池田望　福永友紀　石光まゆ子 |
| Assistant Staff | 俵敬子　町田加奈子　丸山香織　井澤徳子　藤井多穂子　藤井かおり<br>葛目美枝子　伊藤香　鈴木洋子　石橋佐知子　伊藤由美　畑野衣見<br>宮崎陽子　並木楓 |
| Proofreader<br>DTP<br>Printing | 文字工房燦光<br>朝日メディアインターナショナル株式会社<br>株式会社厚徳社 |

- 定価はカバーに表示してあります。本書の無断転載・複写は、著作権法上での例外を除き禁じられています。インターネット、モバイル等の電子メディアにおける無断転載ならびに第三者によるスキャンやデジタル化もこれに準じます。
- 乱丁・落丁本はお取り替えいたしますので、小社「不良品交換係」まで着払いにてお送りください。
- 本書へのご意見ご感想は下記からご送信いただけます。
  http://www.d21.co.jp/inquiry/

ISBN978-4-7993-2464-6
©Kotaro Hisui,2019,Printed in Japan.